Babam Ekrem Nurhan'ın aziz hatırasına

Kaplanın sırtında hüküm sürenler,
bir gün o kaplana yem olmaktan kurtulamazlar.

Uğur Mumcu

Kaplanla birlikte yaşamanın tek koşulu onun
efendisi olmaktır; ya efendisindir ya da kurban.

Zülfü LİVANELİ
Kaplanın Sırtında

DEVŞİRME'DEN BEYAZ TÜRK'E

Siyasi Nefretin Kökleri

Aydın NURHAN

Büyükelçi (E)

Eser : Devşirme'den Beyaz Türk'e
Siyasi Nefretin Kökleri

Yazar : Aydın Nurhan
Editör : İhsan Toy
Kapak Tasarımı : Nevin Ece Nurhan

ISBN : 978-625-00-1177-5

1. Baskı : Mart 2023

Baskı : Ofis Basım Ltd.

Ofis Yay. Matbaa Kâğıt San. Ltd. Şti.
Maltepe Mahallesi Gümüşsuyu Caddesi No:21/Z-1
Topkapı, Zeytinburnu - İstanbul

Sertifika No : 47894

Adres : Cibali Mahallesi Haydar Caddesi No: 66
Fatih, 34083 / İstanbul. TR
Tel : 90 212 635 61 51 (pbx)
Faks: 90 212 532 58 82

e-posta: aydin.nurhan@yahoo.com - ihsantoy@tasam.org

DEVŞİRME'DEN BEYAZ TÜRK'E

Siyasi Nefretin Kökleri

Aydın NURHAN
Büyükelçi (E)

İSTANBUL - 2023

Sultan ve Kaplan

Otuz altı padişah,
On ikisi devrilmiş,
Altısı katledilmiş...

Cumhuriyet'te;
Bir Cumhurbaşkanı,
On Başbakan askerî darbelerle devrilmiş,
Bir Cumhurbaşkanı suikastla öldürülmeye çalışılmış,
Bir Cumhurbaşkanı şüpheli ölmüş,
Bir Başbakan, üç bakan katledilmiş...

İÇİNDEKİLER

TEŞEKKÜR

Kitabımı yazarken akademik disiplin ve ahlâkına saygı duyduğum bazı hocalarımızın nasihat, kritik ve tavsiyelerini alma ihtiyacı duydum. Onlar da kıymetli zamanlarını ayırarak müsveddelerimi okudular, ikazlarını yaptılar. Alfabetik sırayla *Ahmet Taşağıl, Ahmet Sedat Aybar, Ekrem Erdem, Erol Göka, Fahri Erenel ve Mehmet Seyfettin Erol*'a ne kadar teşekkür etsem azdır.

Bu vesileyle şu hususu da kaydetmeliyim ki kitabımdaki fikirler onları değil, sadece beni bağlar. Fikrî birçok alanda aziz hocalarımla farklı konumlarda bulunduğumuzu da ifade etmeliyim. Güzel ve ahlâkî olan şudur ki, çok farklı fikirlerdeki beyinler birbirlerinin ilmine ihtiyaç duyabiliyor ve birbirlerinden yararlanabiliyorlar.

Birçok yazar ithaf ve teşekkür bölümünde haklı olarak aile fertlerini zikrederler. Zira aile kutsaldır, insan için en kıymetli varlıktır. Ben de gelenekten ayrılmadan beni ben yapan anneciğim *Meliha Nurhan* ve rahmetli babam *Ekrem Nurhan*'a, elli beş yıllık hayat arkadaşım eşim *Betül*'e, canım kardeşim *Said*'ime, kitabımın kapak grafik tasarımını yapan kızım *Nevin Ece Nurhan*'a, kitabımı keza akademik yöntem açısından kritik eden oğlum *Ekrem Nurhan*'a sıcacık teşekkürlerimi sunuyorum. Bu güzel ailenin ferdi olarak cenneti bu dünyada yaşıyorum.

Ve nihayet sevgili, sevimli asistanım *İsmail Ararut* ile kitabımın yayına hazırlanmasında emeği geçen, sürekli yenilemelerle epey zahmetimi çeken editörüm, dostum *İhsan Toy*'a ...

Kitabımın yayınlanmasında teknik destek ve emek veren matbaa çalışanlarıyla Amazon görevlilerine de tabii, özel teşekkürler.

ÖN SÖZ

Bu filizin tohumu, rahmetli babamın *"Daima mazlumdan yana ol"* nasihatidir.

Yetmiş dört yıllık ömrümde gördüm ki, insanları horlayan, onlara tepeden bakan, onları aşağılayan kişilerde hep bir eksiklik var. Sürekli arayış içinde ve doyumsuzlar. İçlerindeki saygınlık açlığının, hatta aforoz edilme korkusunun yükünü taşıyorlar. Kitaplardan okuduğuma göre; belki ailede ya da okulda küçük yaşlardan itibaren başlayan "sevgi-sıcaklık" eksikliğinden doğan kucaklanma, korunma arzusuyla yaşıyorlar.

Saygınlık arayışı bireysel kaldığı sürece, toplum için sorun değildir elbette. Ancak saygınlık talebi, toplumda kabul görme açlığı, aşağılık kompleksi, bireysellikten çıkıp toplumsal ortama aktarılarak siyaseti zehirlemeye başladığında, millî birliğe zarar verici boyutlara ulaşıyor.

Çeşitli sembolizasyonlarla kendini ispat çabasına giren toplumsal saygınlık arayışındaki birey iki ana akım çarpıcı gerçekle yüzleşiyor: Muhafazakâr/geleneksel yaşam tarzı ve Batılı/modern yaşam tarzı. Tanzimat'tan günümüze güç sahipleri arasındaki başat yaşam tarzının Batılı yaşam tarzı olduğunu görüyoruz. Batılı devletler tarafından stratejik olarak desteklenen bu yaşam felsefesine dahil olanlar, dışarıda kalanlara tepeden bakma, onları *"medenileştirme - ehlileştirme"* hakkını kendilerinde görüyorlar. Bir anlamda iç oryantalizm, *Attilâ İlhan'*ın tabiriyle *kültür kompradorluğu*[1] uyguluyorlar.

---

1. (1951 yılında) Bir öğrenci, derginin muhabirine şunları söylüyor: "Robert Kolej bize Amerikan ideallerini öğretti. Şimdi bunları hâlen fakir, cahil ve değişime karşı olan köylülerimize aktarmaya çalışıyorum. Bu engellerin karşısında bizim en iyi silahımız Amerikalılar, iyi kitaplar ve iyi yollardır." Haşmet Babaoğlu, Sabah, 19.1.2023. Hiperlink: https://bit.ly/3RkTX8E

Batıcıları gören lumpen yığınlar da özentiyle onların arasına girebilme sevdasına kapılıyorlar. Batıcılar, aralarında nadiren çıkan "acaba?"cıları, Batı zihniyetini ve Batılı yaşam tarzını sorgulayanları ise aforoz ediyorlar. Aforoz, dışlanma, dayanılır bir acı değil. O nedenle insanlar terörize ve korkak. Özellikle lumpen sanat ve spor çevrelerinde taşralı, gerici, dinci damgası yemek korkunç bir ceza. Ergenlikte kalmış lumpenleri esir alan sosyal bir fenomen.

Elinizdeki deneme kitabı, Türk siyaset hayatında kamplaşmaya yol açan yaşam tarzı çatışmasının psikolojik, sosyo-psikolojik yönü başta olmak üzere tarihin derinliklerinden gelen faktörlerle çeşitli açılardan sorgulanmasına hasredildi.

Deneme, ülkemize şaşı bakan Batılılar için İngilizce olarak ve zengin referanslı, yarı akademik bir çalışma olarak başladı aslında. Amacı, günümüz siyasi nefret ortamının bilimsel kökenlerine inmek, bu amaçla halkına yabancı 600 yıllık Osmanlı devşirme yönetim sınıfının *15 Temmuz 2016 Demokratik Halk İhtilâli*'yle son bulan iktidarını sorgulamaktı.

Çalışmalarım ilerledikçe Osmanlı-Cumhuriyet, yöneten-yönetilen ilişkilerinin yalnız tarih değil, birçok farklı alana sirayet ettiğini görmeye başladım. Meselâ merkezî devşirme sistemi ve Osmanlı periferi, yani kırsal alan tarihi bilinmeden, Selçuklu, Orta Asya devlet anlayışı, göçebe kültürü, antropoloji bilimine girilmeden, sosyoloji, etnoloji bilinmeden, bireysel psikoloji, sosyal psikoloji, siyaset psikolojisi anlaşılmadan, siyaset bilimi, Osmanlı iktisat tarihinin derinliği incelenmeden, İslâm, Alevî-Sünnî ilişkileri, müslim-gayrimüslim ilişkileri, isyanlar, askerî darbeler, İstanbul esnafı, timar sistemi ve Roma'ya uzanan kökleri, feodalizm, Bizans, Arap, İran tarihi ve bu medeniyetlerin Osmanlı üzerindeki etkileri ciddiyetle ele alınmadan... Elit/halk sanat, müzik, edebiyatı... Batılılaşma, Tanzimat, Cumhuriyet'e evrilme süreci... Erken Cumhuriyet tarihi... Eğitim felsefesi, Atatürk, Ortaçağ Avrupası, Batı ile karşılaştırmalı siyasal sistem...

Duraklama döneminde askere maaş verilememesi, isyan eden yeniçeriye *"para yok"* denildiğinde, onun *"Ben bilmem nereden bulursan bul"* demesi. Bulmaya çalışanların da düzeni değiştiriyor diye linç edilmesi...

Görüldüğü gibi *Türk siyasi nefret ortamının* geniş kapsamlı, çok disiplinli bir incelemesi, bir kişinin tek başına üstesinden geleceği iş değil. Daha da ötesi, Türk denilen varlığı tarif. İmkânsıza yakın. Anlaşılamaz, tahmin edilemez. Yabancı gözlemciyi, tahlilciyi çıldırtan gri alan. O nedenle, fikren epey ilerlemiş, hazırlıkları tamama yaklaşmış da olsa, İngilizce kitap çalışmamı bir kenara koyarak bu Türkçe özet denemeyi kaleme aldım.

Ayrıca, yarı akademik olarak, her cümlede referans vererek kitap yazma mesaisi bir anlamda beynime *deli gömleği giydirmek*, onu demir disiplin içine sokmak gibiydi. Mesajımın *"insan"*a dokunan ruhu gidiyordu. Her şeyi, tüm ciddi hazırlıklarımı bir anda kenara atmaya karar verdim. Okuduğum on binlerce sayfa kitaptan Mevlânâ'nın *"şekerin suda erimesi"* metaforu doğrultusunda ruhumdan, şuuraltımdan *"kendiliğinden taşan"* elvanı, kâğıda dökeyim dedim, sanırım tam beceremedim.

Yazarların okuyucuyu ikna etmek için baston olarak kullandıkları referanslardan ben de kurtulamadım. Gerçekte iyi yazar mutlak hakim olduğu tezlerini vurucu, çarpıcı, ikna edici kısa cümlelerle döküverir kağıda. Ben de özellikle psikoloji alanında yeterince bilgili değildim, o alanda tefekkürüm azdı. Epey okumama rağmen hala ustası olamadım, (olamazdım) o alanı bir sonraki kitapta uzmanlarına bırakacağım. Bir kitapta araya ne kadar çok referans giriyorsa yazar konusuna o kadar az hakim demektir. Gelen bilgiler beyninde henüz yeterince demlenmemiş, erimemiş, deyim yerindeyse iri kalmış demektir. *Erol Göka* hocamızın iltifatıyla *"hezârfenliğe soyununca"* çok disiplinli alanlarda referans kullanmak bana da cankurtaran simidi gibi geldi.

Eğer bu çalışma ilgi görürse, benimle görüşleri yakın olan genç ve hevesli akademisyenlerden bir ekip kurmak isterim. Her biri yukarıda bahsettiğim alanlarda on ile yirmişer sayfalık makaleler yazabilirler. Böylece beraberce dünyaya farklı bir Türkiye yorumu verebiliriz.

Dileğim, bu kısacık ama yoğun kitaptaki her satırın okuyucunun beyninde şimşeklere, ileri düzeydeki okuyucuda da tefekküre yol açmasıdır. Bir ileri hayalim, bu denemeye gelecek en hasmane saldırılardan, en iyi niyetli ve yapıcı tenkitlere kadar tüm tepkilerden yararlanarak bir uzman kadroyla olgun bir akademik tahlile ulaşmak.

Kitabımı yazarken beni en zorlayan kaygı, Cumhuriyet kurucularında olduğu gibi Osmanlı'yı sahiplenme - reddetme ikilemi[2] idi. Kitabımı okuyan biri ya devşirmelere kızıp erken Cumhuriyetçiler gibi Osmanlı'yı reddediverirse?

Hele kapıda *"Osmanlı bizim devletimizdi, onu biz yönettik"* diye sahiplenmeye hazır Balkan ve Arap düşünürleri varken? Rahmetli *Halil İnalcık'*ın bana bizzat söylediği *"Osmanlı kesin olarak bizim devletimizdi"* sözü kulağımıza küpe olmaz mı? Keza öğrencisi *İlber Ortaylı'*nın onu tekrarlayan sözleri...

Eğitim sistemimizdeki eksik ve yanlışlıklar neredeyse herkesin ağzında. Bir kısım muhafazakâr çevre zımni olarak çocuklarımıza *Hıristiyan Batı kültürü* eğitimi verildiğini, mezunların da tarihimize *şarkiyatçı* bir gözle, sağlıksız baktığını düşünüyorlar. Bunu düzeltmek için eğitim felsefemizin ters çevrilmesi gerekliliği fikri güçleniyor. Örneğin okul öncesi eğitimde Türk destanlarının daha kalıcı bir şekilde öğretilmesi, takip eden dönemde ise zihinlerin pozitif bilimle yoğrulması öneriliyor. Türk ve İslâm tarih ve medeniyetinin de gereken özenle müfredata yerleştirilmesinin elzem olduğu söyleniyor. Liseden sonra Batı ve Doğu medeniyetlerinin öğretilmesi gerekliliğini de biz ekleyelim...

Türk eliti Batı'yı ve Doğu'yu oksidentalist ve oryantalist gözle ele almalıdır. Oryantalizmin özü, kolonyalist Batı'nın hedefe koyduğu ülkeleri laboratuvar böceği gibi her disiplinde bilimsel gözlem altına almasıdır. Türkiye büyüdükçe o da aynı ihtiyacı duyacak, başlangıçta ekonomik olmak üzere, hedefe koyduğu Batı'yı ve Doğu'yu laboratuvar böceği gibi her alanda gözlem altına alacaktır. Tabii bunun için her alanda Halil İnalcık gibi, *Fuat Sezgin* gibi tutkulu, ruhunu uyurken bile ilgilendiği alana adayacak *"yaşayan şehitler"* gerek. Onları

---

2. *"Ata'nın Osmanlılar'a olumsuz bakışı bilinmekle beraber…"* diyor Halil İnalcık. Yeni Şafak Gazetesi 3.12.2022, Hiperlink: https://bit.ly/3HEhE8H

yetiştirecek *Ivy League*, yani modern elit okul, yeni birkaç Enderun gerekecektir.

Keza beyinlerdeki kaosun huzura kavuşması, çağdaş Türk kimliğinin oluşumu için, iki yüz yıldır madde ile mana arasında savrulan sarkacın "makul ortada" durulması gerekecektir.

KAVRAMLAR

Hazırlık aşamasında görüşlerine başvurduğum hocalarımız, kitabımda kullanılan bazı kavramların sarih olmadığını, onları her düzeyden insanın anlayabilmesi için başlangıç bölümüne bir kavramlar bölümü koymamda yarar olduğunu söylediler. Ben de o uyarılar sonucu meramımı daha kolay anlatacak bir üslupla ana tanımları başlangıç bölümüne koymaya karar verdim.

Öncelikle belirtmeliyim, kitap **iki ana sütun** üzerine bina edildi.

İlk sütunumuz psikoloji: Bu sütunu, köyden şehre geçerken bin yıla dayanan din ve gelenek temelli değerlerini kaybetmiş ama seküler şehir ahlâkını da henüz inşa edememiş şaşkın lumpen kitle oluşturuyor. Bu ortamda muhafazakâr ile Batıcı yaşam tarzı çatışması ortaya çıkıyor. Çatışma ise konformizm altyapısının üzerinden yükseliyor.

İkinci sütunumuz ise sınıflaşma: Osmanlı'da gerilim içinde iki sınıf vardı. Platonist Yöneten ve Yönetilen. Merkez devşirme ve periferi reâyâ. Birbirine yabancılaşmış iki sınıf. İki sınıf[3] arasındaki gerilimin tarihi ikinci sütunumuzu yükseltiyor. Şimdi gelelim tanımlarla neyi kastettiğimize:

---

3. *"Tüm Türk tarihine 'merkezin periferi denetim altına almaya çalışması'nın veya bir başka deyişle 'kardeş kavgaları'nın tarihi demek mümkündür. Biz Türkler, devlet kurma yeteneğimiz kadar devlet yıkma kabiliyetimizle de tanınırız. Tarihte kurduğumuz Türk devletlerinin hemen tamamını yine Türklerin yıkmış oluşu, tarihimizin en trajik görünümüdür. Kardeş kavgalarıyla uğraşan bir merkezî otorite, egemenliğini ve denetimini tüm topluma yaymayı beceremez. Yerel güç odakları her fırsat bulduklarında başlarını kaldırırlar. Yerellik bu kadar güçlü olunca da doğal biçimde çifte hukuk ve ahlâk ortaya çıkacak, kamunun değil kendi kabilenin daha önemli olduğu bu toplum yapısında her türlü yolsuzluk kolayca uç verecektir".* Erol Göka, **Türk Grup Davranışı**, Aşina Kitaplar, İstanbul, 2006, s. 242

Burjuva

Bu kitapta kullanılan *"burjuva"* kelimesi Marksist anlamdaki kapitalistten ziyade, ondan önce kullanılan *"burgher"*, yani *"kale içinden"*, kısaca *"medenî-kent soylu"* anlamındadır. Kent soylu terimiyle; asırlar içinde edep, protokol ve karşılıklı saygıyı öğrenmiş, bizim Osmanlı son dönem *"İstanbul Beyefendisi"* dediğimiz, etik ve estetik değerleri rafine düzeye erişmiş insan kastedilmektedir.

Tasavvuf ehli bir kenara, Avrupa'nın ve Osmanlı'nın yüzyıllar içinden refah ortamında yaratabildiği *"insana saygılı insan"* diyebileceğimiz burjuvanın zamanımızda en az beş nesilde oluşabileceği düşünülmektedir. Cumhuriyet'in başlangıcındaki yüzde doksan köylü toplumumuzdan burjuvaya geçiş için üç nesil geçirmiş olsak, geride bıraktığımız *"İstanbul Beyefendisi ve Hanımefendisi"*ne, modernitede yeniden ulaşabilmek için önümüzde en az iki nesil, tahminen kırk yıl daha gerekebilir.

Lumpen

Karl Marx ve *Friedrich Engels*'in meşhur ettikleri Almanca kökenli *"lumpen"* (lümpen değil) kelimesi de keza Marksist anlamdaki sınıf bilincinden yoksun fakir yığınlar *"lumpenproletariat"* anlamından ziyade, köyden çıkıp şehre geçerken asırlar içinden imbiklenmiş din ve gelenek temelli muhkem ahlâk ve değerlerini (gerçekte asaletini) hızla, bazen bilerek ve iştiyakla kaybeden, onun yerine şehrin seküler ahlâkını içselleştirmek için en az beş nesle ihtiyacı olan, üniversite diplomalıları dahil; şaşkın, etik ve estetik değerleri gelişmemiş kitleler anlamında kullanılmaktadır.[4]

Devşirme

Tezimiz açısından, *I. Murad* zamanında başlatılıp *Fatih (Sultan Mehmed, II. Mehmed)* zamanında müesseseleşen *"Devşirme"* kelimesiyle kastedilen; dar anlamda Balkanlı ailelerden toplanan gayrimüslim

---

4. XX. yüzyıl şehir mimarimiz bu şaşkın dönemin çarpıcı örneklerindendir.

köle asker/memur değildir. O bölüm, Fatih ile *III. Murad* arasındaki yaklaşık yüz elli yıllık dönemdir. Beş yüz yıllık devşirme ile geniş anlamıyla kastedilen, köyünden *(periferi)* alınıp, merkezde okutulup köyüne, aslına *"yabancılaştırılan"* devlet adamıdır. Bu projeksiyondan bakıldığında günümüz okumuşlarının yer yer içinden çıktıkları Anadolu halkına, ailelerinin değerlerine yabancılaşmaları, hatta ebeveynlerine, onların değerlerine hasım haline gelmeleri, asıllarından, kendilerinden nefret etmeleri, bu tarihî eğitim felsefesinin devamıdır.

Padişah ile devşirme, güçlerini birbirlerinden alırlardı. Atatürk Padişahlığı ilga edince devşirmenin kafası koptu, başsız kaldı ve sonunda çöktü. Yerini taşralı bürokratlara ve yükselen Anadolu Türk reâyâsına bıraktı.

Türkmen

Türkmen, Malazgirt'ten çok önce de vardı Bizans Anadolu'sunda. Keza Arap coğrafyasında da. Türkmen, Osmanlı Devleti döneminde de Anadolu'da eski, otokton halklarla yan yana, barış içinde yaşadı. Ve taşra Türkmeni'nin sıkıntılarını onlar kadar gayrimüslim reâyâ da yaşadı tabiatıyla. Bu anlamda topluca Türkmen terimi ile periferideki *"reâyâ"* kastedilmektedir. Sadece yerleşik değil, sürekli olarak yerleşikleşmeye zorlanan Yörük Türkmenler de kastedilmektedir.

Kitabımız açısından Türkmen'in önemi şudur: Gerek Selçuklu'yu, gerek Osmanlı'yı kuran çekirdek Türkmen'dir. Görevini yaptıktan sonra yönetimden dışlanmış, ona rağmen "Devlet Bekası" için genlerindeki asker kavim ruhuyla dargın da olsa vatanının bekçisi olmuştur. Anadolu'nun uyanışıyla Türkmen, XXI. yüzyılda tekrar işbaşı yapmış, devlet yönetimini, aslına yabancılaşan devşirmelerden ele geçirip altı asır sonra iktidara kendisi geçmiştir.

Atatürk

Mustafa Kemal Atatürk'ü tezimiz için üç açıdan inceleyeceğiz.

İlki, *onun devşirme bürokrat sınıfından yana mı, yoksa halktan yana mı olduğu* sorusudur.

Net yanıt, 1 Mart 1922 tarihinde Türkiye Büyük Millet Meclisi (TBMM) açılışında yaptığı konuşmada:

"Türkiye'nin hakiki sahibi ve efendisi, hakiki üretici olan köylüdür. Hakikaten yedi asırdan beri cihanın muhtelif taraflarına sevk ederek, kanlarını akıttığımız, kemiklerini topraklarında bıraktığımız ve yedi asırdan beri emeklerini ellerinden alıp israf eylediğimiz ve buna karşılık daima hakaret ve aşağılama ile mukabele ettiğimiz ve bunca fedakârlık ve ihsanlarına karşı nankörlük, küstahlık, cabbarlıkla uşak menzilesine indirmek istediğimiz bu asli sahibin huzurunda bugün büyük bir hicap ve ihtiramla hakiki vaziyetimizi alalım."

Köylüsünden özür dileyen liderin yaptığı ilk işlerden biri, o köylünün belini asırlardır kıran aşar vergisini, zor ekonomik koşullara ve yardımcılarının şiddetli muhalefetine rağmen kaldırmak olmuştur.

Atatürk'ün belki de günümüze değin hiç anlaşılmayan devrimi, padişahlığa son vererek devşirmenin kafasını koparması, halka yabancı bu asker/sivil bürokrat sınıfın başını koparmakla onun bin yıllık iktidardan alaşağı edilmesine yol açması olmuştur.

Atatürk, bu satırların yazarı gibi tarihî DEVŞİRME bürokrasi sınıfından olmakla birlikte, halka yabancılaşmış sınıfına karşı halktan yana idi. Ama çaresizdi. O sınıf, Atatürk gözünü kapadığı anda tarihî iktidarını kesintisiz devam ettirdi. Belki de vefatına yakın dönemde İsmet İnönü ile düştüğü ruhi-siyasi uçurumun kökünde bu başarısızlığının, fikrî uyuşmazlığının rolü vardı?

Atatürk, Müdâfaa-i Hukuk Cemiyeti'nden gelen Cumhuriyet Halk Partisi'nin ülke ölçüsünde bir azınlık partisi olduğunu (Terakkiperver Fırka ve Serbest Fırka deneyleriyle) gördü... Meyus ve yalnız öldü. Genellikle, birbirlerine rakip olan ve devamlı kuşku içinde bulunan bürokratlar yalnız adamlardır. Nitekim M. Kemal ölürken kendisine en karşıt durumda olan kimsenin, vaktiyle en yakın gözüken çalışma arkadaşı olduğu muhakkaktır.[5]

İkinci konumuz, Atatürk'ün felsefesi. *Max Weber*'in ünlü kitabında[6]

---

5. İdris Küçükömer, **Düzenin Yabancılaşması-Batılılaşma,** Kapı Yayınları, İstanbul, 2021, s. 113
6. Max Weber ,**The Protestant Ethic and the Spirit of Capitalism**

değindiği katoliğin ahiret için, protestanın dünya için yaşadığı tartışması gibi, beyninde madde ile manayı bir ömür savaştırmış, maddeyi[7] galip getirmiş devlet adamıdır. Hristiyan Avrupa'nın mana'dan madde'ye geçerek yükseldiğini görmüş, aynı şeyi halkı için istemiştir.[8] Onun halkı MATERYALİST yapma hayalini -ilginçtir- Turgut Özal ve Recep Tayyip Erdoğan devrimleri hayata geçirmiştir.

Üçüncü konumuz ise Atatürk'ün, ölümünden bir asır sonra bile hala "MEŞRUİYET KAYNAĞI" olmasıdır.

Demokrasimiz, şehirleşme epey ilerlemesine rağmen henüz gücünü halktan alma rüştüne erişememiştir. O nedenle iktidarlar meşruiyetlerini halktan değil, hala Atatürk'ün adından alma ihtiyacı hissediyorlar. Siyasi meşruiyet, Atatürk adına dayandırıldığı sürece Türk demokrasisi meşruiyetini halktan alma ihtiyacını duymayacak, rüştünü ispat edemeyecek, gecikecektir. Kısaca siyasi meşruiyet kaynağı hala halk değil, Atatürk olmaya devam edecektir.

15 Temmuz 2016 Demokrasi Bayramı

Osmanlı ve Cumhuriyet cuntaları, karşılarında halk tepkisi olmayacağı, olamayacağı rahatlığı içinde istedikleri zaman iktidar devirirlerdi. 15 Temmuz 2016 gecesi halk tanklara çıplak elle direndi, seçtiği Cumhurbaşkanı'na ilk kez sahip çıktı. Bu bin yılın devrimi idi. Örgütsüz Celâlî isyanlarına hiç benzemiyordu. Artık kansız darbe imkânsızdı. İktidar deviren devşirme düzeni bitmişti. Halk, bundan sonra seçtiklerine sahip çıkacağını, onları cuntacıların insafına bırakmayacağını dünyaya ilan etmişti.

7. *"Sanayi Devrimi ile birlikte tüketim-üretim-teknoloji-bilgi döngüsüne ivme kazandıran Batı'nın üstünlüğünü öncelikle savaş meydanlarında, askerî alanda hisseden İmparatorluk, uhrevi-tasavvufi, aza kanaat getiren yaşam tarzını dünyevi yaşam tarzına çevirmek ve buna uygun politikalar uygulamak gerektiğine inanmıştı. Rical ve erkânın büyük kısmı için zenginleşmek, mal mülk sahibi olmak, adeta sabit bir fikir haline gelmiş bulunuyordu. Bu zenginliğe ulaşmak için de her yol ve yöntemi mubah görüyorlardı"*. Göka,2006, a.g.e. S. 241
8. "Atatürk için İstanbul 'uhrevî', Ankara ise 'dünyevî'ydi. Laik devlet ancak Ankara'dan kurulabilirdi. Atatürk'e göre, İstanbul Anadolu'yu dışlayan bir payitahttı. Ulusal kimliğin İstanbul'dan inşa edilmesi olanaksızdı". Zafer Toprak, Darwin'den Dersim'e Cumhuriyet ve Antropoloji, Doğan Kitap, 2012, s. 74

GİRİŞ

Transformasyon

Prof. Dr. Zafer Toprak'ın objektifiyle 1927 Türkiye'si:

"Resimli Ay, mart ayından itibaren anket sonuçlarını yayımlamaya başlayacaktı. Nitekim Mart 1927 sayısında 'Türk gençliği ne istediğini, ne okuduğunu, neye taptığını bilmiyor' başlığı atılacaktı. Türk gençliğinin 'dimağı ihtilâl içinde' idi. Türk gençliğinin müşterek bir ideali, gayesi yoktu.

Üç yüz elli cevaptan kırkı hiçbir şeye inanmadığını söylüyordu. Bunların nazarında ne Allah vardı ne peygamber vardı, ne de Kur'ân-ı Kerîm kutsal bir kitaptı. Üç yüz elli kişiden yüz kişi Allah'a inanıyordu. Fakat bu inanç da kendilerine göreydi. Hocaların öğrettikleri türde bir Allah'a inanmadıklarını söylüyorlardı. Bunların bir kısmı Peygamber'i bir mürşid, bir dâhi, zamanının büyük bir adamı olarak niteliyorlardı. Bu gençler dinî terbiyeye önem vermiyor, dinin toplum için gereğine inanmıyorlardı. Geri kalan iki yüz on kişi ise 'mutekid'di. Bu kesim Allah'ın vahdaniyetine, Hazreti Muhammed'in peygamberliğine, Kur'ân'ın kutsiyetine iman etmekte, çocuklarına dinî terbiye verme gereğini vurgulamaktaydı."[9]

350 öğrenciden 40'ı ateist. 100'ü deist. 210'u mutekid. Müslüman Anadolu'yu yönetecek[10] bürokrat adaylarının yarısına yakını *"Gayrimüslim Türk"*. Mutekid bürokratların da pratikte sindikleri bir döneme giriliyordu...

---

9. Zafer Toprak, **Türkiye'de Yeni Hayat - İnkılap ve Travma 1908-1928**, Doğan Kitap, 2019, s. 230

10. *"Bürokrat, tarihi Osmanlı geleneği içinde, batı kurumlarını, Batı kültürünü, Batı yaşantısını, halka zorla kabul ettirmeye çalışıyordu. Hem de kitlelere bir şeyler vermeden. Bunlara devrim deniliyordu. İşte bu son iki sebep bürokrat-halk çelişkisini birinci plana getiriyordu."* Küçükömer, a.g.e. S. 115

Madde manaya galip gelmişti. Bin yıldır âhiret için uyuyan Türk, Max Weber'in Protestanı gibi dünya malına uyanacaktı. Ama bunun altyapısı yoktu? Maddeciliğin altyapısı uzun ve çileli bir süreç sonunda Özal ve Erdoğan devrimleriyle gelecekti.

İslâm Kılıcı Devşirme'den
Materyalizm Kılıcı Devşirme'ye

Tanzimat, özellikle II. Abdülhamid dönemi *"materyalist tıbbiyeli"*leriyle başlayan geçiş döneminden bir kesit verelim. *Zafer Toprak* geç Osmanlı, erken Cumhuriyet okumuş gençliği için *"Türkiye'de Yeni Hayat 1908-1928"* kitabında bakın ne diyor.

"Zihnindeki eski akîdeler sarsılmış, fakat tümü yıkılmamıştı. Yıkılanların yerine ise yenisi ikame edilmemişti. Türk genci eski ile yeni arasında huzursuz ve kararsızdı."[11]

Erol Göka ise yüz yıl sonra *"İtiraf edelim, özelikle büyük şehirlerimizde, ne gelenekseli yaşayabilen, ne modern olabilmiş bir hoyratlığa batmış biçimde debeleniyoruz."*[12] **diyordu.**

Nietzsche de eski değerleri reddederek, yenilerini *"üstün insan"*ın irade gücü ile yaratacağını anlatıyordu.

Devamla Prof. Dr. Toprak'ın kıymetli eserinden bazı bölümleri[13] *(özetlersek ruhunu kaybedeceği endişesiyle)* biraz uzunca ödünç alacağız:

Cihan Harbi birçok değeri sorgulatmıştı. O zamana kadar kutsal sayılan ve bir toplumu sevk ve idare eden değerlerin birdenbire anlamsız olduğu kanısı yaygınlaşmıştı.

Eski değerler yitirilmiş, yaşamın özü sönmüş, cansız hayaller gibi birer birer yıkılıp gitmişti. Gençliği yeni bir hayat bekliyordu. Ancak, gençlik bu "yeni hayat" için hazırlıklı değildi. Huzursuzdu, kuşkuluy-

---

11. Küçükömer, a.g.e. S. 115
12. Göka, 2006, a.g.e. S. 212
13. Toprak, a.g.e. S. 221

du, belirsizlik içerisindeydi. "Yeni hayat" için yeni değerlere gerek vardı. Eski kurumları yıkmak ve hayata yeni değerler kazandırmak kaçınılmazdı. İşte savaş sonrası "gençlik cereyanı" bu koşullar altında gündeme geldi.

Gençlik eski toplumun toplumsal, iktisadi, dinî, ailevi ve ahlâkî değerlerine iflas etmiş gözüyle bakmaya başlamıştı. Artık eski dinî akîdeler, ahlâkî telakkiler, aile kurumu gençliği zapturapt altına alabilecek nüfuzunu yitirmişti. Cihan Harbi'nin neden olduğu çöküntü, eski neslin ahlâk, aile, din gibi toplumsal kurumlarının değerlerini altüst etmişti. Gençlik günübirlik yaşamaktan yanaydı.

Sevimli Ay Dergisi "Bugünkü gençlik ne istiyor ve neye inanıyor?" başlıklı yazısında "Her şeyi istiyor ve hiçbir şeye inanmıyor. Allah da, din de, ahlâk da bugünkü gençliği tatmin etmiyor. Bugünkü gençlerin nazarında dünyanın en büyük adamı Ford, en büyük kuvveti paradır. En ziyade okunan kitaplar macera romanlarıdır" diyordu. Yüzlerini geleceğe çeviren gençlik butun eski kurumlara ve akîdelere karşı genel bir isyan halindeydi. Toplumsal ve iktisadi düzeni beğenmiyor, din ve ahlâk kaidelerine inanmıyor, eski "mefkure"leri, idealleri gülünç birer mâbud olarak görüyordu. Kısaca dünya gençliğinde müthiş bir "inkılâp" gözleniyordu.

Bilim, fen ve felsefe ile beyinleri yoğrulan gençlerin çoğunluğu dinin kutsallığını inkâr ediyordu. Gençler artık babalarının dünyasını beğenmiyor, her şeyi ıslah etme hakkını kendilerinde görüyorlardı. İnsanların davranışlarında en mühim nokta ahlâkî seciyeydi. Gençler artık seciyelerinin gücü için böyle bir dayanağa lüzum görmüyorlardı. Daha açık bir tarifle o güne kadar verilen dinî terbiye, manevi değerlere istinat eden tarz, gençlerin davranışını salim bir mecraya sevk etme hususunda iflas etmişti.

Artık gençler için en büyük adam Henry Ford'du. Gerçek değerler hedonizme hizmet edenlerdi. Yeni neslin en büyük isyanı cinsî ahlâka karşıydı. Cinsî faaliyetlerin en doğal ilişkiler olduğu, bu tür ilişkilerin baskı altında tutulmasının tabiat yasalarına aykırı olduğu iddia ediliyordu. Artık kız erkek genç nesil, babalarının bilfiil yaşadıkları cinsî ahlâkı reddediyordu.

Anketten anlaşıldığı kadarıyla gençlik fen ve müspet ilimlere, yalnız maddi şeylere inanıyordu. Demiryolları, otomobil, sinema, refah ve huzur, iyi yaşama ihtiyacı savaş sonrası gençleri aşırı ölçüde "maddiyatçı yapmıştı. 20'lerin çağdaş dünyası artık ruhi ve manevi şeylere değer vermiyordu. Gençliğin ideali manevi ve deruni bir hayat yaşamak değil, maddi huzur ve refahın son haddine varmaktı. Gençlik için en mukaddes şey paraydı. Büyük adam olmak için çok para kazanmak gerekiyordu.

Resimli Ay Dergisinin 1927 öğrencileri için verdiği rakamlar o dönemde dünyaya ve İstanbul'a kapalı Müslüman Anadolu köylüsünün değerlerine karşı çarpıcı verilerdir. II. Abdülhamid dönemi tıbbiyelileri arasındaki materyalizm salgını hatırlanırsa, 1927 anketi bu salgının erken Cumhuriyet eğitim felsefesine de yansıdığını göstermektedir.

Osmanlı ve Cumhuriyet devşirme bürokrasisinin en önemli özelliği, bu kitapta sık sık vurgulayacağımız gibi, yönettiği halkın değerlerinden kopuk olmasıdır. *"Yabancılaşma"*nın önemli göstergelerinden birini, bu ankette de belirtildiği gibi, yüzyıllardan gelen eğitim felsefemizde açıkça görebiliyoruz.

BİRİNCİ BÖLÜM

Psikoloji

Kitabımızın konusu toplumsal barışımızı tehdit eden *"siyasi nefret"* olduğuna göre, ele almamız gereken ilk husus "İnsan". Kendinden ve birbirinden nefret eden "insan".

Önce Şikago'dan bir anekdot: 1990'lı yıllarda Şikago'daki görevim sırasında, bir kokteylde Türkiye'den yeni dönen bir Amerikalı akademisyenle sohbete başladım ve ülkemiz hakkındaki intibalarını sordum. *"Sizi üzmeyecekse samimi düşüncemi söyleyeyim"* dedi ve devam etti. *"Türkler birbirlerini sevmiyorlar..."* Türk siyasetinde geldiğimiz noktada bu ikazın hafif kaldığını, artık nefret ortamının ortasına düştüğümüzü görüyoruz.

Nefret duygusunun altında yatan faktörler arasında en önemli unsur kuşkusuz, hala geçiş döneminde olan toplumun psikolojisidir.

Birçok sorunun kaynağı, ailede başlayıp çevreyle devam eden şiddet ortamında yetişmenin getirdiği **"aşağılık duygusu"** ve **"saygınlık arayışı"**dır. Gönül ister ki, insanımız "nefret"inin altındaki, psikolojinin bilimsel sebeplerini basitleştirilmiş şekilde öğrenerek **nefretinin farkına varsın**. *Sokrat* ve *Yunus Emre* gibi kendisini sorgulasın. Kaybettiği **"şefkat ve merhamet"**in ne olduğunu tekrar öğrensin. Amaç **"yumuşamış bir ruh"** ve iç huzuruna vararak Cenneti bu dünyada bulmak, deyim yerindeyse yeniden doğmak. Bu dönüşüm imkânsız değil, insan yeter ki istesin.

Bu nedenle psikoloji bölümünü başa koyduk.

Şimdi yüceldiğimiz hayal dünyamızdan, *"ütopyamızdan"* gerçek dünyaya inelim.

Temel sorumuz şu: *Türkiye'de siyaset ortamını zehirleyen nedir?*

Ait olduğumuz grupların yaşam tarzı ve değerlerine, iman etmişçesine, fanatik olarak, sorgulamadan bağlılığımız mı? O zihinsel çerçevenin tabir caizse hapishanenin dışına çıkmayı bir an olsun düşünememizin nedeni, *Nietzsche*'nin dikkat çektiği, ait olduğumuz gruptan aforoz edilme korkaklığı, menfaatçilik, boş vermişlik, tembellikten kaynaklanan *"konformizm"* mi?

Bu noktada bir an durup ruhumuzun derinliklerine inelim, yukarıdaki paragrafı içselleştirmeye çalışarak tekrar okuyalım?

İnsanın psikolojisini incelemeden, onun hangi dürtülerle Kemalist, laikçi, Batıcı, modernist, CHP'li, Ak Partili, mütedeyyin, muhafazakâr, liberal, solcu, şeriatçı olduğunu, siyasetteki yobaz, fanatik bağlılıkların altında yatan ruhi sebepleri bulmadan/bilmeden, yeterince tahlil edemeyiz.

Türk siyasetini derinden etkileyen insan psikolojisi konusunu, *-Akademisyenlerimizle birlikte İngilizce olarak yayınlamayı hedeflediğim bir sonraki kitabımızda derinlemesine irdelenmesi dileğiyle-* kısaca üç başlık altında ele almaya cesaret edeceğim. Bu cesaretimin altyapısını *Abraham Harold Maslow, Alain de Botton, Alfred Adler, Carl Gustave Jung, Erol Göka, Erol Güngör, Friedrich Nietzsche, Martha Cottam, Nevzat Tarhan, Nur Vergin, Sigmund Freud* ve *Vamık Volkan* kitaplarından edindiğim, *"bir alaylının naçiz kazanımları"* oluşturuyor.

Bireysel Psikoloji (Fizyon)

İnsan psikolojisinde iki önemli unsur var. Birincisi *"kendisi"* olma, *"ben"* olma, *"biricik"* olma, başkalarından *"farklı"* olma arzusu. Buna fizyon, yani ayrışık olma ihtiyacı diyelim. İnsan kendisini beğenmezse çatlarmış derler.

Friedrich Nietzsche de *"Yücelik kavramı; asil olmayı, kendin olmayı istemeyi, farklı olabilmeyi, yalnız olabilmeyi ve özgür yaşamayı gerektirir". "Özgür insanın içinde sürülerin iltifat ve eleştirisine kapalı bir yalnızlık vardır. Öz yargısı mutlak ve temyiz ötesidir"*[14] diyor.

Ben olmak istiyoruz. Ama kim olmak istiyoruz? Yunus'u, Sokrat'ı hatırlayarak soralım. Hayatta ne istediğimizi gerçekten biliyor muyuz? Kimimiz belirli uyanış ile kimlik krizine giriyor. Küçük, ârif bir grup, krizi aşıp dingin bir ruhu, huzuru buluyor. Kimi kimlik krizine bile girmeden dünyadan göçüyor. Tembel, kimliksiz ruhlar diyelim. Hatta kimi de başkası olmak istiyor, başkalarını taklit ile ömür geçiriyor, hatta kendisinden başkası olduğunu sanıyor. Kimi ne kadar çok *"önemli tanıdığı"* olduğuyla övünüyor, güçsüzlüğünü başkalarının gücüyle tedavi etmeye çalışıyor. Şifahi göçebe kimliğinden gelen kimi de google çağında bilgi ezberleyip entel barlarda ne kadar malûmatfüruş olduğunu ispat ile saygınlık kazanmaya çabalıyor. Buna bir de sosyal medyanın açığa çıkardığı teşhirciliği ilave edin. İnsan dediğimiz mahlûkun sosyal-siyasi tercihlerinde bu arka planı dikkate almak zorundayız.

Abraham Maslow, İnsanın hayatî İhtiyaçları skalasında *"öz saygı"*yı en önemli beş ihtiyaçtan biri (Fizyolojik ihtiyaçlar, güvenlik ihtiyacı, aidiyet ve sevgi ihtiyacı, öz saygı ihtiyacı ve kendini gerçekleştirme ihtiyacı) olarak görüyor, yokluğunun ise zayıflık, aşağılık duygusu ve çaresizliğe yol açtığını vurguluyor.[15]

Alain de Botton "Modern laik toplumlarda 'herkes gibi olmak'tan daha zavallı bir kader düşünülemez... Vasat insanlar, toplumun genel çizgisinin dışına çıkamayanlar, halk kitlesi ve sıkıcı insanlar... Oysa kafası çalışan bir bireyin temel amacı, kendisini kalabalıktan sıyırabilmek ve yetenekleri izin verdiği ölçüde toplumun dışında bir yerlerde 'sivrilebilmek'tir."[16] diyor.

Friedrich Nietzsche de eserlerinde sürü ruhunu lanetleyerek farklılık, yalnızlık, özgürlük, insanın kendisi olması fikirlerini işliyor.

Tartışma, insan değer ve davranış kodlarının doğuştan mı, yoksa

---

14. Friedrich Nietzsche, Jason Kingston (2017). "Friedrich Nietzsche: 100 Quotes on Strength, Power, and Honor

15. Abraham H. Maslow, **A Theory of Human Motivation**, [First published January 18, 1943]

16. Alain De Botton, **Statü Endişesi**, Çev. Ahu Sıla Bayer, Sel Yayıncılık, İstanbul, 2023 [İlk yayın tarihi 2004], s. 285

çevreden mi kaynaklandığı şeklinde devam ediyor.

Aslında birçok psikolog ve filozof **"füzyon"** bölümünde anlatacağımız gibi insanın, diğer birçok hayvan gibi toplum dışında yaşamasının mümkün olmadığını söylüyor. Nietzsche ise *"Übermensch-Üstün İnsan"* tezi ile *"sürü ruhu"* dediği bu görüşe karşı çıkıyor. Psikolojik olarak güçlü olan insan, tüm değerleri reddedip kendi değerlerini yaratmalı, onların peşinden gitmeli, hatta kendini aşmalı diyor. İnsanın pekâlâ yalnız ve özgür yaşayabileceğini iddia ediyor.

Alfred Adler ise *"Doğa açısından bakıldığında insan yetersiz bir yaratıktır."* *"İnsan olmak, kendini yetersiz hissetmek ve üstün bir konumu ele geçirmek üzere çaba harcamak demektir."*[17] diyor ve bu amacın kendisini başkalarından üstün ve güçlü olma, başkalarına söz geçirme kılığında açığa vurduğuna işaret ediyor.

Adler insan değer ve davranışlarının kökeninde, tabiatın gücüne karşı, daha doğum anında başlayan çaresizlik, güvensizlik ve endişeden doğan aşağılık kompleksinin yattığını, bütün bir ömrün bu aşağılık duygusunun tatmini arayışıyla geçtiğini, bunun yer yer toplumdan, güçlülerden, hatta kendinden nefrete vardığını iddia ediyor. Nietzsche de *"bu tükenmişlik, bu kendinden nefret - bütün bunlar, öylesine güçlü fışkırdı ki ondan, yeni bir ayak bağı oldu ona"*[18] sözleriyle Adler'e katılıyor.

Adler keza *"... Bu gibi kimselerin ağzından sık sık, anne ve babalarının da... böyle 'aristokrat' bir özelliğe sahip olduklarını duyarız. Ancak, söz konusu kof isteğin altında, kendini başkalarına benzemeyip 'olağanüstü' bir aileden gelen, mükemmel amaç ve duygularla donatılıp doğuştan bir ayrıcalığa hak kazanmış, herkesten üstün bir kimse gibi hissetme eğiliminden başka bir şey yatmaz."* [19] diyor.

Hayrettin Karaman da *"Geleneğe dayalı değerlerimizin yerine ikame edilmek istenen modern değerlerin tabiatında yalnızlaştırma ve par-*

---

17. Alfred Adler, **İnsanı Tanıma Sanatı**, Çev. Kamuran Şipal, Sel Yayıncılık, İstanbul, 2022 [İlk yayın tarihi 1934], s. 6

18. Nietzsche, a.g.e. S. 141

19. Adler, a.g.e. S. 107

çalama vardır." [20] sözleri ile modern yalnızlık sorununa dikkat çekiyor.

Freud ise bireyin İd (içgüdüsel, ilkel, hayvani), Süper-Ego (id'i vicdan, ahlâk gibi kavramlarla dizginlemeye çalışan) ve Ego (id ile super ego çatışmasında hakemlik yapıp onları hayatın gerçekleriyle uzlaştırmaya çalışan) dürtülerle davrandığını anlatıyor.

Kısaca söylersek, sağlıklı bir ruh kendisi olmak, biricik olmak ister, kendisinden memnundur. Peki toplumumuzda bunun oranı nedir? Soru budur.

Şimdi de yukarıda kısaca değindiğimiz; çaresizlikten doğan aşağılık kompleksi, sevgi ve saygınlık ihtiyacı, narsizm, hükmetme arzusu gibi bireysel psikolojik faktörlerin insanların sosyal davranışlarını ve siyasi tercihlerini nasıl etkilediğini görelim. Bunun için de sosyal psikoloji ve siyaset psikolojisine bir göz atalım.

Sosyal Psikoloji (Füzyon)

Psikolojide ikinci unsurumuz, insanın toplumsal bir varlık olduğu gerçeği.

Toplumun parçası olma ihtiyacına **Adler** *"İnsanların günlük hayatlarındaki korkuda, tüm canlıların yaşadığı o ilk (doğduğu andaki) korkunun etkisi görülür. Bir çocuğun yaşamın güçlüklerine ilişkin bilgisi öylesine yetersizdir ki, tek başına çaresizlik içinde bulunur, başkalarının kendisine yardım etmesi ve ondaki eksikliği gidermesi gerekir. Korkuya kapılmış kimsenin eli bir başkasına uzanmakta, onu tutup kendisinden yana çekmek ve bir daha koyvermemek istemektedir."* *"Mutlak bir doğru yoktur, ancak bu doğruya en yakın bir şey var ki, o da toplumsal yaşamdır."*[21] **diyor.**

Bireyin toplum içinde olma, onun saygın bir üyesi olma arzusuna da **füzyon**, yani birlik olma, çekim ihtiyacı diyebiliriz. Felsefi ve dinî inançta güçlü iradeleriyle belirli konuma ulaşanlar istisna tutuldu-

20. Hayrettin Karaman, **Farklılaşma, parçalanma ve uzlaşma üzerine,** Yeni Şafak Gazetesi, 27.11.2022, Hiperlink: https://bit.ly/3Y64ir8
21. Adler, a.g.e. S. 146

ğunda, toplum dışında kalan insan çok ağır bedeller öder. O nedenle toplumun parçası olmak ister. Toplumculuk açısından bakıldığında Anadolu cemaat ve tarikatlarına üye olmak toplumu bir arada tutan elyaf görevini ifa etmişti. Birlik olma arzusunu günümüzde modern dayanışma dernekleri üstleniyorlar.

Aristo'nun *"zoon politikon – siyasi hayvan"* sözüyle bilinen görüş, insanın sosyal bir varlık olduğu, bir insan grubu içinde yer almadan yaşamasının mümkün olmadığı tezidir. Birçok psikolog ve sosyolog da toplum içinde yaşamın insan için hava ve su kadar önemli olduğunu vurguluyor, hatta bunun genetik, hayvansal içgüdü olduğuna işaret ediyor.

Hatırlayalım, toplum içinde *"güvenlik ile aidiyet-sevgi"* ihtiyaçlarını Maslow da hayati ihtiyaçlar arasında sayıyordu.

Teksas Üniversitesi Profesörü *Costica Bradatan* ise beynimizdeki biyolojik sürü güdüsünün toplumla uyumlu, rahat ve sorunsuz yaşam için yararlı olduğunu, ancak biyolojik güdümüzü aklımızla sorgulamaya başladığımızda sorun çıktığını vurguluyor.[22]

Bireyin yalnızlığını vurgulayan Nietzsche ise *"Güçlüler, doğal olarak ayırmaya, zayıflar bir araya gelmeye eğilimlidir."*[23] diyor.

Charles Mackay insanların biyolojik olarak sürü güdüsüyle yaratıldıklarını, sürü mantığıyla düşündüklerini, yaşamlarının bu güdüye bağlı olduğunu, yine de tek tek uyandıklarını, bunun için sürü'den kurtulma'yı öğrenmeleri gerektiğini söyler. Biyoloji ve ruhun ters dünyalara ait olduklarını, ruhi bütünlüğün ancak sürüden bağımsızlaşmakla sağlanacağını söyler.[24]

Bu konuda Sosyolog Nur Vergin'in şu satırları dikkate değer:

Hegel insanın, tüm canlıların sahip oldukları doymak ve biyolojik varkalıma yönelik ihtiyaçlarını karşılama isteğinin dışında hemcinsinin isteğine de ihtiyaç duyduğunu belirtiyor. İnsan, diğer insanların

---

22. Costica Bradatan, **The Herd in the Head** (article/makale) Hiperlink: https://bit.ly/3R-mWizE

23. Nietzsche, a.g.e. S. 156

24. Bradatan, a.g.m.

da onu tanımalarına istek duyan, bu isteğe muhtaç olan bir varlık. Bu durum, insan için öylesine merkezî bir önem taşıyor ki, bireyin ayrı bir insan kimliğine sahip olma bilinci başkaları tarafından tanınmaya bağlı. İnsanı insan yapan bir olgu ama aynı zamanda, esas olarak kendi gözünde insan olduğuna dair teşhis koyabilmesine neden olan bir olgu.[25]

Alain de Botton, insanın çocuksu şefkat arayışını, sevgiye açlığını, Lev Nikolayeviç Tolstoy'un roman karakteri, bu hayatta hayal edilebilecek her şeyi olan şöhretli, zengin, saygın, yüksek yargıç İvan İlyiç ile örnekler: *"İlyiç'i en çok çileden çıkaran şey hiç kimsenin ona hasretini çektiği şefkati göstermiyor oluşuydu. Uzun süre acı çektikten sonra bir an geliyor, yalnızca ve yalnızca küçük bir çocuk gibi merhamet görmek ve sevilmek istiyordu. Sırtının sıvazlanmasını, öpülmeyi, okşanmayı istiyordu, hasta çocukların gördüğü o özenli muameleyi görmek istiyordu. Biliyordu ki kendisi bu yaşında, aklar düşmüş sakalıyla mühim bir memurdu; ama olsun, onun istediği tam da buydu işte."* [26]

Alain de Botton toplumun acımasızlığına da değinir. *"Statü sahibi olamamış bireyler toplumların gözünde birer 'hiç'tir, onlara sert muamele edilir, renkli kişilikleri görmezden gelinir ve kimlikleri horlanır... Daha da önemlisi, alçak statü kendimize olan saygımızı yerle bir eder."* diyerek modern insanın toplum içinde her an bir alt basamağa inme korkusuna dikkat çeker. *"Kendinden emin olan kişilerin etrafındakileri aşağılamak gibi huyları yoktur. Belki de snopluğun ardında histerik bir korku yatmaktadır. Kendini beğenmişlik ve kibrin asıl nedeni derin bir korkudur."* der ve *"Ben miyim önemli olan yoksa toplumdaki konumum mu?"*[27] diye sormamızı önerir.

Bu verilerin ışığında soralım: Siyasi tercihlerimizde Nietzsche'nin dikkat çektiği korku veya menfaatten doğan bilinçli seçimimiz mi, kendimizi hasbelkader içinde bulduğumuz sosyal gruplaşmalar mı, yoksa yukarıda saydığımız şuuraltı psikolojik etkilerle seçtiğimiz gruplar mı etkilidir? ...

---

25. Nur Vergin, **Din, Toplum ve Siyasal Sistem**, Bağlam Yayıncılık, İstanbul, 2000, s. 223
26. De Botton, a.g.e. S. 255
27. De Botton, a.g.e. S. 16

Konformizm

Tam da Nietzsche'nin nefret ettiği, darmadağın etmek istediği muhafazakâr görüş!

"Yozlaşarak, küçülerek tam bir sürü hayvanına dönüşen", "sürü güdüsü" ile davranan, toplumun "iyi veya şeytani" gördüğü yargıları hiç tartışmadan benimseyen, insan denilen "hasta hayvan". [28]

Nietzsche konformizmin kolaylığını da şöyle gösteriyor: *"Nasıl da gönlümüzü hoş tutar, dostça davranır bize tüm dünya hele bir onların davrandığı gibi davranıp, kendimizi 'bırakmaya' görelim!.."* [29]

Nietzsche'ye göre modern kültürün amacı vahşi adamı konforlu bir yaşam uğruna daha sıradan, daha umursamaz, daha Çinli, daha Hristiyan bir evcil hayvana çevirmektir. Ona göre toplum ahlâkının sert yaptırım ve cezalarla giydirdiği deli gömleği ile "kurallı, güvenilir, tek tip" hale getirilen mahlûk ile "tarihin sonu"na ulaşılmış olacaktır[30] *(Fukuyama'nınkine değil).*

Füzyon bölümünde insanın sosyal mahlûk olduğuna değinmiştik. Şimdi de o mahlûkun grup içinde kalma çabasına değineceğiz.

Önce Erol Göka'ya kulak verelim. Türk Grup Davranışı kitabında:

"İnsanlar, bir topluluk içinde yaşayabilmek için 'tıpkı onlar gibi' davranmak zorunda. Bu psikolojik davranış kalıpları, tarihsel değişime çok dirençli", "Bu evrende insan, sahip olduğu rahat ve konforu terk edemediğinden, kendi vicdanıyla hesaplaşmak yerine, sisteme teslim olmuş numarası yaparak, yükümlülüklerinden kurtulmak istemektedir."[31] sözleriyle konformizm ihtiyacını vurgulamakta.

Bir gruba onun tezlerine inanmadan, sahtekârca, menfaatleri için

---

28. Nietzsche, a.g.e. S. 79
29. Nietzsche, a.g.e. S. 111
30. Friedrich Nietzsche, **On the Genealogy of Morality**, Ed. Keith Ansell-Pearson, Çev. Carol Diethe, Cambridge Üniversitesi Yayını, Cambridge, 2006, s. 16
31. Göka, 2006, a.g.e. S. 39

girenleri hariç tutarsak, konformizm'i, Nietzsche'nin *"sürü ahlâkı"*'ndan ilhamla toplumda sorun çıkarmayan *"uslu çocuk olma arzusu"* olarak tanımlayabiliriz. Konformist, içinde bulunduğu grubun ahlâken başka gruplardan üstün olduğuna iman eder, ait olduğu grubun inanışlarını sorgulamaktan korkar veya tembel, ezberci beyni o yükü kaldıramaz. Grubun imanını sarsmaya kalkan beyin, anında dışlanır, hatta saldırıya uğrar.

Teksas Üniversitesi profesörü Costica Bradatan, *"Yalnızken bir hiçsiniz, yaşam boş. Sürü ile anlamlı bir bütünleşme kurduğunuzda onun volkanik, sınırsız enerjisi içinize dolar, size yücelik ve asalet verir, şaşkın varlığınıza amaç verir, içine düştüğünüz boşluğu doldurur ve bu kolektif ruh çok tehlikeli bir güce erişir." "Yalnızken bir kuşu incitemeyecek insanın psikolojisi bir anda transormasyona uğrayabilir, sağduyu çılgınlığa, ihtiyat pervasızlığa, nezaket barbarlığa dönüşür ve o birey devlet binasını ateşe verebilir, bir tekel bayiini soyabilir..."*[32] diyor.

Makalesinde devamla Elias Canetti'nin sözlerine de yer veriyor: *"Sürü girdabına kapılan artık kendini o kolektif ruhtan kurtaramaz." "Sürü ile paylaşılan ve karşı konulmaz biçimde arzulanan bir cinayet bile güvenlice işlenebilir, hatta kabul görmenin ötesinde teşvik edilir." "Sürü insana ne aile ve arkadaşlarının, ne de meslek dünyasının veremeyeceği haz ve saygınlık verir. Onun ruhunda yüksek zehirli bir uyuşturucu gibi tedavi edici rol oynar."*

Şimdi de bu akademik görüşler ışığında bir hatıramı sunmak istiyorum:

Avukatlık stajım sırasında mutfak bütçemize katkısı olsun diye bir lisede İngilizce dersi vekil-öğretmenliği yapmıştım. Yıl 1976, terörün kol gezdiği devir. Okul ortamına devrimci sol hâkim. Öğrenciler okulda tabancayla dolaşıyor. Okul müdürü MHP'li, ben *"hafif sol - pembeyim"*, siyasete bulaşmıyorum, çok sevilen bir öğretmenim.

Bir gün güle oynaya ders yaparken dışarıdan uğultular duyduk, sonra sınıf kapısı postal darbesiyle açıldı. Parkalı bir velet *"Arkadaşlar,*

---

32. Bradatan, a.g.m.

eylem koyuyoruz, herkes dışarı!" komutu verdi. Öğrencilerim beni seviyorlar ya? O güvenle cesaretimi topladım, çocuğa *"Sen dur kapıda!"* dedim ve akabinde aşağıdaki sözler döküldü dudaklarımdan:

"Sevgili gençler bir dakikanızı alacağım:

Bilirsiniz davar sürüsünde koyunlar vardır. Onların başında çoban köpekleri, onların başında çoban, onun başında kâhya, onun başında da davarın hiç görmediği ağa olur.

Şimdi size bir ödev:

Hayatta hangisi olacağınıza karar verin.

Ama bir de atasözümüz var, sürüden ayrılanı kurt kaparmış.

Karar sizin. Buyrun, isteyen çıkabilir."

Öğrencilerimin sınıfı başları önde nasıl süklüm püklüm terk ettiklerini bugün aynı tazeliği ile hatırlarım...

Dersteki samimi konuşmam bir ihtimal Nietzsche'nin konformizm fikrinden mülhem idi. Kim bilir?

Ülkemizde konformizm şablonunu uygulayabileceğimiz iki başat grup var. Birincisi muhafazakâr İslamcılar. İkincisi de materyalist laikçi/Kemalistler. İkisine girmek de, çıkmak da çok kolay; lumpen olmak yetiyor. Hiçbir entelektüel çaba gerektirmiyor. Hatta entelektüel, sorgulayıcı bir beynin bu gruplara uyum sağlaması neredeyse imkânsız. Zira iki grup da ezber ve iman esaslı yol alıyor.

Sloganlar dedik, içi boş söylemler. Lumpenin bu sloganların anlamlarını bilmesi gerekmez. Zaten derinlemesine anlam bilinse, bu sosyal gruplara giriş çıkış bu kadar kolay olmaz. İlkokul terk bir lumpen biraz para kazanıp, saçını sarıya boyatıp, döpiyes giyip *"Kemalistim"* dediğinde ülkemizde çağdaş, ilerici olarak kabul ediliyor bugün. Öte yandan ticarette her türlü ahlâksızlığı yapan bir kadın da başörtüsü taktığında İslâmcı sınıfta pekâlâ kabul görüyor. Kadın saçı ve kıyafetini örnekledik, erkek onun da ötesi. Konformizm konusunda slogandan da önemli olan, **"yaşam tarzı"**.

Yaşam tarzı egzistansiyel, yani varoluşsal bir savaş alanı. Özellikle, başta ABD olmak üzere Batılı devletler yaşam tarzlarını din mertebesine yükseltmişler, bu konuda çok hassaslar. Batı dışı ülkelerde misyoner fanatikliğinde yaymaya çalışıyorlar yaşam tarzlarını. Batı yaşam tarzını benimsemiş kadroları iktidarda görmek istiyorlar. Benimsemeyenleri kendilerine küresel tehdit olarak görüp iktidardan deviriyorlar. Kısaca Batı, empoze ettiği yaşam tarzını neo-emperyalist bir enstrüman ve menfaatleri için araç olarak kullanıyor.

Batı yaşam tarzını benimsemiş geri ülke elitleri de bu kapana severek, isteyerek giriyorlar, **"kozmopolit hiyerarşide konformizm"** içinde cici çocuklar olarak enternasyonal sınıf dayanışmasına giriyorlar. Batılılar onlara *"kullanışlı aptallarımız-aparatlarımız"* diyerek, ufak tefek çıkarlar sağlıyor.

Konformizmin psikolojik haz ötesinde getirisi, ticari kazanç ve sosyal statü. 10 Kasım'larda Atatürk adını anmak bahanesiyle reklam yapan büyük firmalar, kandil günlerinde keza din kullanılarak verilen kutlama reklamları vb. bilinen ve kanıksanmış ahlâk dışı ticari uygulamalar. Oyun, çocuklukta masumane başlıyor. Bin dokuz yüzlü yıllarda mütedeyyin taşrada *"hediyesi bir lira"* diye Kur'an cüzü satan genç, metropole indiğinde cüzün para etmediğini, ama Atatürk resim, büst ve kitaplarının iyi para getirdiğini görünce bu kez *"hediyesi bin lira"* diye Atatürk satmaya başlıyor. Genç lumpen, geçimin ideolojiye kapılanmayla kolaylaşacağını anladığında yaşam tarzı da ona göre evriliyor. Lumpen büyüyor, Atatürk kitapları giderek binlerce liraya tezgâhlanmaya başlıyor.

Sonra devir değişiyor, bu kez bazı öncü uyanıklar İslâmcı olmanın da kazandırabileceğini görüyor. Çocuklar büyüyor, sınıflar keskinleşiyor.

İleride detayıyla tartışacağız, modern/muhafazakâr *"yaşam tarzı"* çatışması, iki kesimin birbirine kültürel yabancılaşması, her ne kadar *(büyük yanılgı olarak)* öyle görüntü verse de, İdris Küçükömer'in dikkatimizi çektiği gibi, din çatışması değil. Bu çatışma Marksist anlamda bir sınıf savaşı. Tarihi *"devşirme-reâyâ"* sınıf çatışmasının günümüzde sembollerle devam ettiğini gösteren en mühim faktör. Çatışma keskinleştikçe gruplaşma, grup içi dayanışma, kısaca grup içi konformizm ihtiyacı da büyüyor.

Sosyal Dışlanma (aforoz)

Nietzsche'ye göre sürü ahlâkını; iyi ile kötüyü tanımlayan sosyal grup şartlanması olarak vermiştik. Bu şartlanmaya sorgulamadan uyma güdüsü de konformizm idi. Çoğu insan tembellikten, çaresizlikten veya başına dert almama güdüsüyle toplumla uyum içindeki konforu tercih ediyordu. İşte bu şartlanmayı sorgulayan, reddeden *übermensch - üstün insan*, sürü tarafından saldırı ve dışlanma, yani aforoz tehdidiyle karşılaşırdı.

Nevzat Tarhan ise sosyal damgalamaya dikkat çekiyor:

"Kişinin sosyal durumunun tanımlanması, belli bir kültür kalıbına oturtulması ve o kültürel kalıbın standardının belirlenmesine sosyal damgalama veya etiketleme' denir. İnsanları kategorize etmek için önce önyargı oluşturmak gerekmektedir. Damgalama, kültürel alt grupları yönetmek, etiketlemek, değersizleştirmek ya da yüceltmek için kullanılır."

"Yurdum insanı" demek bir damgalanmadır ve kültürel bir alt grubu damgalamada kullanılmıştır. Lahmacun, pide yemek, Türk Halk Müziği, Türk Sanat Müziği dinlemek ilkel kültürün belirtisi olarak tanımlanır. Modern olmak için bunların terk edilmesi gerektiği vurgulanır. Modern olmanın müzik zevki batı müziğidir, kıyafet de yine o anlayışa göredir. Yemek zevki batı tarzı yemeklerdir; yemeğin sağ ve sol elle yeniş tarzı bile tanımlanmıştır. Bütün bunlar kültürel tanımlama yapılarak "modernlik budur" diye sunulmuştur."[33]

Erol Güngör'e kulak verelim.

"Bizi ahlâkî davranış konusunda dikkatli olmaya yönelten en büyük müeyyidelerden biri de 'başkalarının kanaati'dir. Hiç kimse, ahlâka aykırı bir hareket yaparken 'başkaları ne der' demekten kendini alamaz. Bir sosyal psikolog, 'bizim şahsiyetimiz, başkalarının bizde görmek istediği şeylere göre şekil alır.' diyor. Bu söz tam doğru olmasa

---

33. Nevzat Tarhan, **Toplum Psikolojisi ve Empati, Sosyal Şizofreniden Toplumsal Empatiye,** TİMAŞ Yayınları, İstanbul, 2019, s. 42-48

bile büyük bir hakikati ifade etmektedir."

"Gözden düşmek, şöhretini kaybetmek veya kötü şöhret kazanmak, ayıplanmak, hor görülmek, bilhassa alay edilmek bizi en çok korkutan şeylerdir. Küçük topluluklarda kamuoyunun tesiri daha çok hissedilir. Bir köyde herhangi bir şahsın ahlâk-dışı davranışı süratle bütün köy cemaati içine yayılır ve o kimse kısa bir zaman içinde bütün sosyal çevresini kaybetmiş olur. Bu duruma düşenlerin genellikle şehre göç ettikleri görülmektedir."[34]

Costica Bradatan, beynimizdeki sürü psikolojisinden, yani mahalle baskısı, partizanlık, yobazlık, moda, entelektüel taklit ve diğer *izm*'lerden kurtulmadıkça toplumun ilerleyemeyeceğini[35] söylüyor.

Yukarıda verilen satırlardan anlıyoruz ki, bir toplumda insanlar ne kadar konformist ise, sürü güdüsü ve aforoz korkusu bir toplumda ne kadar yaygın ise, sıra dışı insanların ortaya çıkması o oranda imkânsızlaşır ve toplum ilerleyemez. Asırlarca geride kalmamızın *"tılsımı"* burada mı saklı acaba?

Sayılmak ve sevilmek tarihin her döneminde, her coğrafyada başat insan arayışı. Ortaçağ'da Vatikan'ın aforoz mekanizmasını çalıştırmasının insan psikolojisi üzerinde ölümden beter etkisi vardı. İlginçtir, Ortaçağ ile moderniteyi karşılaştırdığımızda, *"laiklik rahipleri"*-nin kendi ideolojilerine aykırı fikir ve yaşam tarzlarını aforoz etme konusunda engizisyon papazlarından hiç de aşağıda kalmadıklarını görüyoruz.

Evet, laikçiler insan yakmıyorlar. Ama karşıtlarına aralarında yaşam hakkı vermiyorlar. Yobaz-gerici damgası, çağdaş aforoz olarak çok ağır toplumsal ve psikolojik yıkımlara yol açıyor, o nedenle özellikle sağlam kişilik geliştirememiş özenti lumpenleri Nietzsche'nin konformizmine zorluyor.

Aforoz'un insan psikolojisi üzerinde yarattığı yıkım Georgia ve San Diego Üniversitelerince incelenmiş. Social Neuroscience dergisinin

---

34. Erol Güngör, **Ahlâk Psikolojisi ve Sosyal Ahlâk**, YER-SU Yayınları, İstanbul, 2021. s. 148
35. Bradatan, a.g.m.

verdiği bilimsel araştırma sonuçlarına göre sosyal dışlanmanın sonuçları aşağıda:

-Beynin çalışma düzenini bozduğu,

-Doğru karar almayı zorlaştırdığı,

-Öğrenme güçlüğüne yol açtığı,

-Davranış bozukluklarına yol açtığı,

-İrade kaybına yol açtığı,

-Alkolizm vb. kaçışa sığındırdığı,

-İşte ve okulda başarısızlık ve

-Saldırganlığa yol açtığı...

Nietzsche'nin übermensch'inin (üstün adamının) üstesinden gelmesi gereken bu belalarla kaç kişi baş edebilir? Kaç kişi rahatını bırakıp sıra dışı olmaya cesaret eder? Hele ülkemizin Kemalistleri, İslâmcıları; gruplarına aykırı davranmaları, gruplarını terk etmeleri imkânsıza yakın. Hele ülkemizdeki *"Başımıza icat çıkarma"* kelamının yaygınlık seviyesi düşünülecek olursa...

İnsan psikolojisinin sosyal altyapısını genel hatlarıyla verdikten sonra biraz detaya girelim.

Her devirde toplumu, özellikle elit tabakayı terörize eden, onu, ait olduğu sınıftan aforozla tehdit eden sistem rahipleri vardır. Bir toplumda elit sınıfa girebilenler, Nietzsche'nin konformistleri arasına da giriyorlar. Beyinler bir yandan menfaat, bir yandan da tembellik ile uyuşuyor, grup aleyhine söz söylemek bir yana, Nietzsche'nin *"sürü ahlâkı"* dediği doğruları, tabuları aleyhine düşünemez hale geliyorlar, cılız aykırı fikirleri varsa onlara karşı beyinlerindeki "otokontrol" mekanizmasını çalıştırıp grup değerlerinin fanatik savunucuları oluyorlar. Bu psikolojiyi, heves ettiği gruba kenarından yapışabilmiş yetersizlerde, özellikle diplomalı lumpenlerde daha açık teşhis edebiliyoruz. Eskilerin fanatikler için ürettikleri *"Bir sonradan görme, bir de gâvurdan dönme"* tanımı gibi.

Ülkemizde yukarıdaki tanıma uygun bir grup vardı; Tanzimat'tan günümüze gelen materyalist, laikçi, Batıcı yaşam tarzını savunanlar. Bu tarzı savunmak için Atatürk'ün adında meşruiyet arayanları özellikle zikretmek gerek. Bu gruptakiler, özellikle gruba en alttan, ucundan yapışabilenler, aforoz korkusuyla en fanatik üyeleri oluşturuyorlar.

Son zamanlarda bunlara rakip, yeni bir elit oluştu: Mütedeyyin Burjuva. Anadolu'dan yükselen bu yeni elit, Weberyan gelişme ile tarihte var olan geleneksel, Weberyan[36] hocalarını modernize etti, maddi imkânlarla donattığı dar sınıfını entelektüel bir disipline sokmayı başardı. Statüsünü siyasi güç ile de muhkem kılan bu sınıfta da sabitlenmiş fikir çemberinin ve yaşam tarzının dışına çıkmak aforoz getiriyor. Grup disiplini, içinde biri yaramazlık yaptığında *"öteki"*ne verilebilecek tepkiden daha sert yaptırım getiriyor.

Konformizm konusuna son vermeden önce yurt dışına giden Türklerle ilgili şu satırlara da göz atalım:

"Erken göç evresindeki regresif tepkilerden bir diğeri ise bunun tam tersi, yani kendinden nefret etme, gelinen yeri aşırı idealleştirmedir. Gelinen yerde çok çalışarak, bir an önce yüksek bir toplumsal yer edinmeye gayret gösterilir, geride bırakılan ülke değersizleştirilir. Bu tür regresif tepkiler, geldiği ülkede Batılı yaşam tarzı tarafından şekillendirilmiş şehirlerde yaşayanlarda daha çok görülür. Göç edilen ülke insanının gözündeki olumsuz yabancı imajıyla baş edebilmek için baskıcı 'ev sahibi' ile özdeşleşilir, diğer göçmenlerle tüm ilişki yolları kesilir. Ne var ki çoğu zaman bu yollar hiçbir işe yaramaz, göçmen ne yaparsa yapsın onlardan olamayacağını acı bir biçimde bir gün fark eder." [37]

Sıra Dışılık

SAPERE AUDE *(Bilmeye cesaret et!)*

Prof. Dr. Costica Bradatan, Batı felsefesinin; *sürüdekilerle alay etmeyi mesleki ve entelektüel bir spor haline getirmiş aykırı bir eksantrik, Sokrat tarafından kurulmuş olduğunu, filozofun toplumun kurallarına*

36. Max Weber, **The Protestant Ethic and the Spirit of Capitalism**, s. 121
37. Alper Hasanoğlu, **Bir Terapistin Arka Bahçesi**, Remzi Kitabevi, İstanbul, 2009. s.143-145,

meydan okuma ve uyumsuzluğunun bedelini ölüm cezasıyla ödediğini anlatıyor, sıra dışılığın bir yandan eksantriklik, cesaret, meydan okuma, ukalalık, şüphe ve direnç gerektirdiğini, öte yandan da pişmanlık ve nihayet intikam celbettiğini [38] **vurguluyor.**

André Gide'in de büyük sanatçının mutlaka nonkonformist ve devrinin akımına karşı kürek çeken biri olması gerektiğini söylüyor; aykırı yazar, filozof veya sanatçının yalnız toplumun değerleriyle değil, ritüel, tören ve merasimleriyle de çatışması, sistem rahipleri ile çatışma sonucu marjinalleşmeyi ve aforozu göze alması gerektiğini anlatıyor. *(Burada da bir an durup sosyal cesaretimizi sorgulayalım?)*

Cesurlar şunu da bilmeliler: Çok azı başarılı olacak, çatışma çoğu zaman entelektüel düzen tarafından kazanılacaktır. Kazandıkları zaman da maharetle içlenecekler, fikirleri önce olağanlaştırılıp sonra saptırılacak ve en iyisi akademik konuya dönüştürüleceklerdir. *(Atatürk düşmanlarının Atatürk'e ihaneti bundan daha iyi anlatılabilir mi?)*

Prof. Dr. Bradatan nihayet *"akademide bilgi, konformizm amaçlı, ve başkaları üzerinde gücümüzü arttırmak için işlenir. Aykırı olmak için değil."* diyerek kendi mesleğine, Amerikan akademiyasına dikkat çekiyor.

Siyaset Psikolojisi

Konumuza İdris Küçükömer'in meşhur *"Türkiye'de Sağ Soldur, Sol Sağdır"* sözü ile girelim. Bu sözü bir adım ileri götürüp *"Türkiye'de CHP Osmanlı devamı tutucu Osmanlıcı Partidir, Ak Parti Cumhuriyetçi, ilerici Partidir"* diyoruz. Cumhuriyeti Osmanlı devşirme bürokratları kurduğuna ve hala onların ihtiyatlı refleksleriyle hareket ettiklerine göre, bu tabii bir tanım. İlginçtir, yükselen reâyâ temsilcisi Ak Partililer kendilerini Osmanlıcı, çöküşteki Osmanlı memur partisi CHP'liler de kendilerini Cumhuriyetçi sanıyorlar. Dünya da böyle olduğunu sanıyor. Bu şaşkınlığın altında yatan psikolojinin incelenmesi gerek.

---

38. Bradatan, a.g.m.

Hafızamızı tazelersek, şu ana kadar bireysel ve sosyal psikoloji ile bunların alt dalları olan konformizm, aforoz ve sıra dışılık konularını işledik. Şimdi de kitabımızın ana konusu, yani bu psikolojik altyapının uygulamada insanların siyasi tercihlerine nasıl yön verdiğini inceleyelim.

Bu bölüm için Erol Göka, Kaan Arslanoğlu ve Martha Cottam'ın fikirlerinden yararlandım, alıntılar yaptım, onlara kendi fikirlerimi kattım.

Siyaset Psikolojisi, adından anlaşılacağı gibi siyaset bilimi ile psikoloji karması bir alan. Yönetenler ile yönetilenlerin siyasi düşünce, karar ve davranışlarında hangi psikolojik etkenlerin bulunduğunu, bunlarda genetik ve çevrenin, duygunun ve mantığın rolünü ve orantısını inceleyen bilim dalı.

İlgi alanına, daha önceki bahislerde değindiğimiz; siyasi kararlarımızı şekillendiren sosyal kimliğimiz, algılama, benlik, değerler, konformizm, aforoz, sürü davranışı, sosyal davranış kalıpları, duygular, motivasyon, ırk, milliyetçilik, oy verme, etnisite, soykırım, savaş, liderlik, ikna, iman, şuuraltı, medyanın rolü, ötekileştirme, kalıp yargılar (öğrenilmiş önyargılar), motivasyon, ego vb. siyasi ve psikolojik unsurlar giriyor.

Önce Erol Göka'ya kulak verelim:

"Türk tarihi, bitmek tükenmek bilmeyen kardeş kavgalarının tarihidir."

"Türk toplulukları, tıpkı bugün olduğu gibi, eski zamanlarda da birtakım semboller etrafında birleşen insanlardan oluşan kümelere ya da segmentlere bölünmüş durumdadır. Bu segmentler içinde her toplumsal sınıftan insan görmek mümkündür. Bugün siyasal yaşamda çokça kullanılan bu segmentlerin sembolleri (örneğin bayrak, Atatürk, din, Türklük, batılılaşma, laiklik gibi) toplumumuzun tarihsel belleğinin bir devamı niteliğindedir. Her segmentin sembolü, toplumsal kimlik oluşumunda temel bir işlev gören toplumsal temsil araçlarıdır; bu nedenle sembollere yapılan bir saldırı, insanların kendi kimliklerine saldırı gibi anlaşılmaktadır. Segmenter toplumumuzdaki semboller mücadelesi,

Batıdaki sınıf mücadelelerinden daha pahalıya patlamaktadır zira sınıf mücadelesi daha reeldir; pazarlık etme ve sonuçta uzlaşma imkânı vardır. Semboller etrafında dönen segment mücadeleleri ise, duygusal bir zeminde cereyan ettiklerinden kimlik ve kişilik konularında pazarlık etmek daha zordur."

"Bu segmenter toplum yapısının bugüne kadar çözülmesi bir türlü başarılamamıştır. Farklı toplumsal segmentler, birisi diğerlerine galebe çalana kadar sürekli bir kardeş kavgasına tutuşmakta ama bir yandan da nihai ve toplu bir güç kullanımından kaçınmaktadırlar. Zira bilinçli veya bilinçdışı bir şekilde fark etmektedirler ki, "eğer sorun güç kullanılarak çözülecekse, nihai zafer için Türk toplumunun geri kalanını imha etmek gerekecektir." Bu nedenle ellerinde bir tek şansları kalmaktadır: "Diğer segmente karşı yurtdışı güçlerle işbirliği yapmak veya yalnızca tam dağılma anından önce yurt dışı güçlere karşı ittifak etmek."

"Ama düşmana karşı ittifak yapmak yerine, kardeşe karşı düşmanla işbirliğine girişme tutumu daha yaygındır. Zira kardeş kavgaları, yaşam kültürümüzün temellerinden birisidir. Bu nedenle bilinen tarihimizin her döneminde, büyük düşmanla işbirliği içinde olan Türkler var olmuştur; Çinlilerle, Ruslarla, Bizanslılarla, Farsilerle, Araplarla, Moğollarla hatta Haçlılar ve Yunanlılarla ..."[39]

Şimdi konumuzu kısa alt başlıklarla açıklamaya çalışalım.

İnsanlar Neden Siyaset Yaparlar?

Hatırlanacağı üzere Aristo insan için *"zoon politikon"* yani siyasi hayvan demişti. Toplumun olduğu yerde siyaset kaçınılmaz. Siyaset güç kullanmayı gerektirir. Gücün olduğu yerde ise hiyerarşi başlar. Hiyerarşide, Eflatun'u hatırlayarak söyleyelim, yöneten ve yönetilenler ayrışırlar. Ve insanların aktif siyasete girmesinde; güç kazanma, menfaat, yüksek idealler, sosyal üstünlük, saygınlık gibi farklı motivasyonlar rol oynar.

---

39. Göka, 2006, a.g.e. S. 247-249

Siyasi Tercih

Misyon partilerini bir kenara bıraktığımızda, bir insan hangi psikolojik, sosyo-psikolojik veya biyolojik nedenlerle sağcı veya solcu olur?

"İnsan Neden Sağcı Olur?"

Psikiyatrist/Solcu Yazar Kaan Arslanoğlu'nun sağı "sol"dan nasıl gördüğünü kendi cümleleriyle verelim.

"Tahmin edileceği gibi sağ görüşlü kişiler başka alanlarda kişisel ilişkilerde isyancı, sorgulayıcı olsalar bile toplumsal ve siyasi konularda sorgulayıcılıkları, isyancılıkları çok az gelişmiş ya da hiç gelişmemiş bireylerdir. Çoğunluğa, geleneksele, tarihsel olana bağlılık özellikleri kuvvetlidir. Otoriteye itaat duyguları (kişisel temelde, kültürel-soyut anlamda) solculara göre daha güçlüdür. Daha tutucudurlar, yeniliklerden, değişimlerden endişe duyarlar. Ahlâkları sorgulayıcı olmayan, kişiye az inisiyatif bırakan geleneksel ahlâka yakındır. Statükonun korunmasından yanadırlar. Sorunlar çok ağırlaşsa bile geleneksel güçlerin, baştaki büyüklerin onu çözeceğine güvenirler ya da Tanrı'nın kendilerine bir şekilde yardım edeceğine... Akıldan çok inançlara bağlanırlar. İnsanlardan ve toplumlardan fazla değişmelerini beklemezler, onların içlerindeki gücü bulmaları yeterlidir ya da Tanrı'ya sığınmaları, bu da iyilik getirecektir. Sol insanları ve toplumu değiştirmeye çabalar, sağsa onu korumaya. Temel genetik eğilimler bunlardır. Bu yüzden sağcı olmak kolaydır. İnsanın kültürü ve çevre etkileri olmasa büyük olgunluğuyla doğal eğilimi sağcı olmak doğrultusundadır. Gerçekte görülen de budur.

Sağcı olmayı çevresel etmenler de kuvvetle belirler. Çevresel etmenler denilince en başta aile gelir... Yerleşik değerlere, yerleşik ahlâk kurallarına ve yasalara uyum gösteren uygun bir vatandaş olması, dahası topluma kendini feda edebilecek bir özveri göstermesine yardım edecek kültürel değerleri benimsemesi istenir. Bunların hemen hepsi çocuğa ilk yıllardan başlayarak yoğunlaştırılmış düzeyde sağ propaganda yapılmasından başka bir şey değildir. Zaten insanın genel eğilimi değişime karşı koyma ve statükoyu korumaksa, bir de yapılan bu genel tutucu eğitim, propaganda ve çevre koşulları onun sağ eğilimlerini daha da güçlendirir. Genel durum böyle seyretmekle birlikte hem genetik anlamda, hem de çevresel etmenler bakımından söz ettiklerimize ters durumlar da yaşamda karşımıza sıklıkla çıkar." [40]

Şimdi de kendi sol grubunu nasıl gördüğüne bakalım.

"İnsan Neden Solcu Olur?

Burada da öncelikle genetik etmenler söz konusudur. Kişi geleneksel aşırı dinci bir ailede de yetişse onun solcu olmasını sağlayacak genetik eğilimleri çok baskınsa o insan solcu biri haline gelir.

...Kişide ilk bebeklik dönemlerinden başlayarak belirginleşen kimi kişilik mizaç ve akıl yürütme özellikleri kişiyi genetik olarak sola yönlendiren bir nitelik gösterirler.

Her şeyden önce sağcılık ve solculuk gibi kavramların eskisi kadar net olmadığını belirtmek gerekir. Sağcılık son yirmi otuz, yılda gücünden pek bir şey kaybetmedi, ama sol hayli kaybetti. O yönden sağ, solun içine doğru iyice yayıldı. Öte yandan sol ideal anlamda sol olmayı bir türlü başaramadı. Başka deyişle her zaman emekten yana tavır almayı aydınlanmadan yana ve insandan yana tavır almayı beceremedi, katılımcılığı ve demokrasiyi kendi içinde hayata geçiremedi. Tutuculuktan çoğu kez kurtulamadı.

Öte yandan tutuculuktan kurtulmayı hedefleyen biçimleriyle liberalizme ve onun da ötesinde sağa kaydı. O yüzden bugün solcu bir partinin sağ tavırlarını görmek ve solcu bir kişinin bağnaz tutucu tavırlarıyla karşılaşmak artık hiç şaşırtıcı değil. Yine de sağcı ve solcu bireyi bugün hala tümüyle algılamamış kavramlar bağlamında birbirinden ayırt etmeyi sağlayan belirgin nitelikler geçerliliğini koruyor.

Sol demek solculara göre kabaca emekten, yoksuldan, ezilenden yana olmaktır. Solculuk insanın eşitliğini savunmayı, eşitliği bozan durum

40. Kaan Arslanoğlu, **Politik Psikiyatri/Yanılmanın Gerçekliği**, İthaki Yayınları, İstanbul, 2005, s. 95

ve kurallara karşı durmayı gerektirir. Solcular toplumsal ve ekonomik konumlar ne olursa olsun ezilenleri, yoksulları daha çok düşünen insanlardır. Eşitlik ve toplumsal adalet duygularına daha çok önem verirler. Elbette genetik nitelik düzleminde solculuğu belirleyen tek etmen bu değildir. Sağcılarda da merhamet duyguları ve yoksullara acıma söz konusu olabilir. Solculuğu belirleyen etmen genetik anlamda karşı olmak ve süregidenden değişik olmak özellikleridir.

Mezhepsel özellikleri nedeniyle (Türkiye'de Alevîlerin genellikle solcu olması gibi, İrlanda'da ve pek çok ülkede buna benzer oluşumlar vardır, solcu olurlar, onların solculuğu da toplumsal bir kabul görme, kimlik bulma, yer edinme solculuğu, bir çevre ve alışkanlık solculuğudur, dolayısıyla onlarda gerçek anlamda isyankârlık ve sorgulayıcılık, yerleşik değerlere gerçekten karşıt olma tanımları bulunmayabilir. Değişik nedenlerle milliyetçi duygulara karşıt duygular besleyen ve aynı şekilde baskın dini eğilimlere tepkisel duygular gösteren gruplar içinde de çevresel etkenle solculuğa yönelenler yaygın görülür." [41]

Kendisini sol'da konumlandıran bir tıp doktoru psikiyatristimizin satırları bunlar. Yukarıda sayılan vasıflardan hangilerinin değişim için şahlanan Anadolu Türk'üne, hangilerinin arkaik bürokrasimize uyduğunu düşünmekte yarar var.

İdris Küçükömer'in farklı görüşü: *"Türkiye'nin ilericileri 'sağ' cenahta görülen geniş İslâmcı halk kitleleridir. Onlara bu niteliği kazandıran, onların değişmeye ve gelişmeye, dönüşmeye açık olan sosyal, ekonomik istekleridir. Bu istekler üretim güçlerini geliştiricidir, toplumdaki monolitik iktidar yapısını çatlatıcı ve çoğulcudur."* [42]

Bu noktada sorumuzu Modern ve Muhafazakâr olarak genişletiyoruz.

Modernistler

Dilek İmançer *"Her modernleşme gelenek ve yeniliğin karşılıklı etkileşiminin sonucudur."* diyor. Türk modernleşmesine şehirleşen müslümanın gelenek ile Batıcılığı sentezlemesi desek?

41. Arslanoğlu, a.g.e. S. 99
42. Küçükömer, a.g.e. S. 7

İnsanlar niçin Kemalist olurlar?

Osmanlı'da geleneksel olarak babadan oğula geçen müderrislik mesleği ve bunun getirdiği quasi-aristokrat aileler vardı. Onun dışında feodal Avrupa'daki gibi elit kültürü ile halka örneklik edecek, köyden şehre akanların taklit edecekleri, öyküneçekleri bir aristokrat sınıf yoktu.

Köyden şehre gelindiğinde din ve gelenek temelli bin yıllık ahlâk hızla düşüşe geçer. İnsan bin yıllık *"âhiret için yaşama uykusu"*ndan, ataletten dünya malına uyanır, materyalizmin pençesine düşerek tüm gücüyle dünya malına saldırır.[43] Bu dönem binlerce yıldan imbiklenmiş çoğunlukla dinden ve gelenekten köken alan tarım toplumu değerlerinin hızla yok olduğu lumpenleşme dönemidir. Batı'da yüzyıllar süren bu dönemin atlatılması, devamı burjuvalaşma, en az beş nesil gerektirmiştir.

Burjuvalaşmak isteyen lumpenin örnek alacağı aristokrat kültür yoksa kimi örnek alacaktır? Özellikle erken Cumhuriyet döneminin harp zenginleri ve ülkeyi terk eden azınlık mallarına konan, asalet arayan yeni türedi tahsilsiz zenginler kimi örnek alacaklar, kiminle iş tutacaklardı? Bu noktada sosyal psikolojiyi sosyoekonomik faktörler yönlendirdi.

Diplomalı Bürokrasinin hala egemen olduğu dönemde, okumamış esnaf ve tüccardan sivrilen türedi zenginler devlete göbeğinden bağlı idi. Palazlanmaya çalışan tahsilsiz esnafın menfaati, velinimeti olan bürokrasinin *"ideolojisi ve yaşam tarzı"* ile uyum içine girmeyi gerektiriyordu. Bu uyumun temsilcisi CHP oldu. Kısaca eşraf-bürokrat partisi oldu. Erken Cumhuriyet'in *"Devlet Beslemesi"* zenginleri günümüz büyük sermayesi haline geldiler. Hala sınıflarını temsil eden CHP'ye oy vermelerinin nedeni bu başlangıçtır. Kısacası, tarih perspektifinden ve İdris Küçükömer objektifinden bakıldığında CHP kültürel ve ekonomik açıdan solun, halkın değil, bürokrat-sermaye koalisyonunun partisi oldu.

Devşirme kültürünü hatırlayalım. Devlet köylü çocuğu alıp aslına

---

43. Max Weber, **The Protestant Ethic and the Spirit of Capitalism**, s. 118

yabancılaştırıyor, Batılı, Batıcı *"Devlet Adamı"* yapıyordu. Köyden şehre gelen uyanık tüccar zenginleşmenin en kolay yolunun devlet sayesinde olduğunu fark edince menfaatinin bürokrasi ile ideoloji, yaşam tarzı ve ticari çıkar birliğine girmekte olduğunu görüyor. Neticede, iki köy kökenli sınıf, çıkar birliğinin köye yabancılaşmakta, Batı ile çıkar birliğine girmekte olduğunun, yani ekonomik ve kültürel kompradorluğun bilincine varıyor. Ve sermaye serpildikçe taşrayı terk edip İstanbul büyük sermayesine evriliyor. Devamı küresel kozmopolit kapital ile iş birliğidir, onun hiyerarşik disiplinine girmektir.

Erken Cumhuriyet döneminde başlayan ve CHP tarafından temsil edilen asker, bürokrat, eşraf ittifakı 21. yüzyıla kadar devam eder. Aslına yabancılaşmayı reddeden küçük taşra sermayesi ise uzun yıllar İstanbul sermayesinin Anadolu'da bayiliğini yapar.

Sanayileşmenin hızlanması ile metropollere akış hızlanır. Vaktiyle azar azar gelen köylüyü asimile edip aslına yabancılaştırmak kolay iken, şehre akışın yoğunlaşması ile Batıcı asimilasyon İmkânsız hale gelir. Anadolu'dan gelen başörtülü artık devlet dairesinde çaycılığa, hizmetçiliğe razı değildir. Gecekondudan sosyete semtine taşınır. O da başörtüsüyle doktor, vali, subay olma derdine düşer. Palazlanan ve dünya malına gecikerek uyanan Anadolu sermayesi önce metropollere, sonra dünya ticaretine açılır.

Artık şartlar olgunlaşmış, iki rakip grup oluşmuştur. Biri CHP'nin temsil ettiği, asker-sivil bürokrasi ile küresel güçleri arkasına almış İstanbul sermayesi, diğeri de Ak Parti'nin temsil ettiği, geleneklerini muhafaza etmek isteyen Anadolu sermayesi. Batılılar iki kapitalist grup arasındaki bu sınıf savaşını dinci-laikçi ideoloji kavgası olarak saptıracaklardır. Batı'nın tabii tercihi, Batıcı subaylar, Batı okullarında yetişmiş, Batıcı siyaset, iş ve bürokrasi erbabıdır. İstenen, onların siyasette başat olmasıdır. Yerel değerler, Batı için tehdittir. Her koşulda engellenmelidir.

İdris Küçükömer: *"Doğucu-İslâmcı akım, son yüz yıl içinde Osmanlı Toplumuna yön vererek onu kurtarmak amacında olan iki ana akımdan biridir. Diğeri Batıcı-laik akımdır. Bu sonuncu akım tarihi gelişme içinde, İslâmcı akımın sözde ve devamlı anti-tezidir. Batıcı akımın önemli yanı, gerçek bir tezin çıkmasını önleyen bir akım olarak gözükmesindedir."* [44] diyor.

Batıcı kadrolar dışındaki kadrolar Batı için düşmandır. Tanzimat kadroları Osmanlı'nın *"Batılı, Batıcı"* olursa *"bağışlanacağı"* umudunda idiler. Cumhuriyetin mandacı gelenekten gelen cuntacı generalleri de aynı hayal içinde idiler. O nedenle yerel değerleri temsil eden partilerin iktidara gelmesini uzun süre önlemeye çalıştılar.

Bu dünyaya kapalı zavallılar Batı'nın kendileri hakkındaki düşüncelerinden, gerçeklerden bihaber idiler. Bakın *Hilmi Yavuz Alafrangalığın Tarihi'*nde ne diyor: Toynbee, şunları yazıyormuş: *"Türkiye'yi küçük görmekte haklıyız. Çünkü bizi taklit edene niçin saygı duyalım? Ben ancak medeniyetime katkıda bulunabilecek olana saygı duyarım."* [45]

İslâm ülkelerinde demokrasinin gelişememesinin sebebi -tekrar edelim- Batı yaşam tarzını reddeden, halkın tabii tarihsel kültürünü temsil eden partilerin, *"demokrasi düşmanı Batı"* tarafından engellenmesidir. İslâm kültüründen gelen partilerin sağlıklı, Weber'in Protestanlarının Hristiyan Demokratları gibi tabii bir süreçle ve kendi doğal zamanlaması içinde demokrasiye evrilmesine set çekilmesi, bu sürecin darbelerle yozlaştırılmasıdır. Unutmayalım, emperyalizmin en büyük düşmanı, hakkını cesurca arayan, devletine sahip çıkan, kendisini sömürtmeyen demokratik toplumdur.

Buraya kadar çıkarlardan bahsettik. Tarafların maddi çıkar çatışması için partilerde örgütlenmeleri doğal bir süreçtir. Bir ileri aşamada taşralı, geleneğe bağlı kitlelerin çıkarlarını Ak Parti'de görmeleri, buna karşın yüksek bürokrasi, İstanbul büyük sermayesi ve sosyetesinin CHP'ye oy vermesi de doğaldır.

Doğal olmayan, kafaları karıştıran, mantığı zorlayan, yanıtı çok zor olan soru, lumpen kitleler içindeki yüzde yirmilik önü tıkalı, umutsuz, eğitimsiz yoksul kesimin *"Batıcı"* yüksek bürokrasi ile İstanbul sermayesinin temsilcisi CHP'ye oy vermeleri. Asırlarca ezilmiş

---

44. Küçükömer, a.g.e. S. 13

45. Hilmi Yavuz, **Alafrangalığın Tarihi - Geleneğin Tasfiyesi ya da Yeniden Üretilmesi**, TİMAŞ yayınları, 2010, s. 163

Kürt'ü, Alevî'si de dahil bu çaresiz kitle nasıl oluyor da devşirme bürokrasi ile büyük sermaye temsilcisi CHP'ye oy veriyor? Elinizdeki kitabın kalbi bu sorudadır.

Sanırım bu noktada bireysel ve sosyal psikolojiyi devreye sokmak gerekiyor. Bin yıldır Devşirme bürokrasi zulmü görmüş köylülerin ezik torunlarından bir bölümü -*Nietzsche'nin konformizmini hatırlayarak söyleyelim*- kendilerini ezenlere karşı çıkmayı, onları devirme savaşını göze almıyor veya alamıyorlar. Ve ezenler sınıfına katılmayı seçiyorlar. Taşrada bıraktıkları ailelerini, halalarını, dayılarını, onların değerlerini terk edip, köye yabancılaşmış devşirmelere yapışıyorlar. Çünkü önlerine konulan slogan çok cazip; Atatürkçülük. Kemalizm. İlericilik. Çağdaşlık. Modernlik. Batılı yaşam tarzı.

Bin yıl ezilmiş Yörük Türkmeni'nin çocuğu, modern şehir genci, geçmişini reddediyor. Hatırlamak istemiyor. Buna bir de bazı sporcu, şarkıcı ve artist gruplarındaki aforoz edilme korkusunu ekleyin. Haklılar da. Henüz yeterince özgüven duygusu gelişmemiş ergen üniversiteli gençleri de düşünelim. Şehitler için, Atatürk için saygı duruşlarında tanrıya avuç açmak yerine hazır ol durumda Fâtiha okuma riyakârlığının temeli aforoz korkusu değilse nedir? Lumpen genç, köye ne kadar yakın ise o kadar daha fazla köy karşıtı. Kompleksli... Köylü damgası yemek korkusu. Bilmiyor ki köylü ruhen lumpenden asildir.

Göçebenin şeceresi olmaz. Bırak dedeninkini, Halil İnalcık'ın deyimiyle babanın mezarı bile "meçhul" kalır. O nedenle Türk'te asalet safsatası da olmaz. Yerleşik düzene geçince kökler önem kazanır ve asalet arayışı başlar. İşte günümüz lumpen sosyetesinin aşağılık kompleksi bu noktada çarpıcı hale gelir. Antikacıdan alınıp salona asılan paslı kılıçla *"Paşa Dede" edebiyatı yapmak*[46], aile adı değiştirerek modernleşme aramak... Bunlar bilimsel tahlil gerektiren derin psikolojik konulardır.

Adler'e kulak verelim. *"... Bu gibi kimselerin ağzından sık sık, anne ve babalarının da... böyle 'aristokrat' bir özelliğe sahip olduklarını duyarız.*

---

46. "Acı çeken paşazade... Babası paşaysa babasının dedesi çoban!". Orhan Pamuk, **Cevdet Bey ve Oğulları**, İletişim Yayınları, İstanbul, 2012, s.255

Ancak, söz konusu kof isteğin altında, kendini başkalarına benzeme-yip 'olağanüstü' bir aileden gelen, mükemmel amaç ve duygularla donatılıp doğuştan bir ayrıcalığa hak kazanmış, herkesten üstün bir kimse gibi hissetme eğiliminden başka bir şey yatmaz." [47]

Ortaylı'nın dediği gibi *Hititlerden kalma kağnı ve karasaban kulla-nan*[48], iki milyon sıtmalı, bir milyon frengili, üç milyon trahomlu, milyonlarca veremli, tifüslü, tifolu, bitli, ortalama yaşam süresi kırk yıl olan çileli köylülerin torunları olmanın kompleksi.

Atatürk'ün İnönü'ye yazdığı gibi çökmüş, köylü toplumun torunla-rıyız. Seçmenin çıkış noktası aynı. Peki kimlik ayrışması nasıl gelişi-yor? Yani nasıl oluyor da toplumun ağırlıklı bir bölümü Anadolu'nun geleneksel değerlerine yapışırken diğer bölümü Batıcı yaşam tarzı-na, kültürüne, kozmopolit değerlere sıkı sıkıya yapışıyor, birbirleri-ni ötekileştiriyorlar? Nasıl oluyor da Anadolu'nun ücra bir köyünden okula kilometrelerce yalın ayak yürüyerek giden bir garibanın oğ-lu İstanbul sosyetesinin domuz yeme şampiyonu haline geliyor? Bu değişime tek bir nesil yetiyor?

Halka yabancı yönetimin vazettiği ahlâk ve değer sistemi içinde kıv-ranan iki non-konformistimizin yakınması ise şöyle:

"Vatan cüda değilim, fakat fırakıyla

muhacirâne gezer ağlarım öz diyarımda"

Mehmed Âkif Ersoy

"Öz yurdunda garip, öz vatanında parya"

Necip Fazıl Kısakürek

Acep Anadolu köylüsü oğlunun "öz vatanında parya" olmamasını mı istedi?

---

47. Adler, a.g.e. S. 107

48. Amerikalı iktisatçı Max Weston Thornburg da 1949 Türkiye'sinde kaleme aldığı "Turkey: An Economic Appraisal" adlı araştırmasında şu gözlemini aktarır: "Türkler'in beşte dördü köylerde yaşar ve ziraatla meşgul olur. 40.000 köy bin seneden beri hemen hemen hiç değiş-memiştir. Bu köylerde insan M. Ö. 3000 senesinde Sümerliler'in resimlerini yapmış oldukları parmaklıksız tekerlekli kağnıyı, kadim sabanı görür". Cavit Orhan Tütengil, **100 Soruda - Kırsal Türkiye'nin Yapısı ve Sorunları**, Gerçek Yayınevi, İstanbul, 1983, s. 67

Sanırım bu keskin ayrışmada psikolojik etkenler radikal şekilde rol oynuyorlar.

Hizmet demokrasisi dediğimiz sistem niçin bu ülkede çalışmıyor? Nasıl oluyor da "Lağım içinde yaşarım ama yaşam tarzıma dokundurtmam" diyor insanlar? O lağım ortamında kendilerini medeni sanıp başkalarını da kendileri gibi yaşamaya zorluyorlar? Acaba bu tepki bin yıldır din simsarlarının atalarına yaptıklarını tersine döndürme, hınç alma refleksi midir?

Ülkemizde aristokrat olmadığına ve Konstantiniyye burjuvası gayrimüslimler ülkeyi terk ettiklerine göre, Cumhuriyet'e sınıfsız bir toplum olarak başladığımız söylemi esas alınabilir.

Başladığımız noktayı Atatürk İnönü'ye yazdığı mektupta şöyle anlatıyor:

"Sevgili Paşam, Cumhuriyet'in ilk başbakanı olarak seni düşünüyorum. Dur, hiç itiraz etme! Niye seni seçtiğimi şimdi anlayacaksın. Bizi yine büyük bir savaş bekliyor. Durumumuzun bir bölümünü Cephe Komutanı ve Lozan Başdelegesi olarak elbette biliyorsun.

Büyük devletlerin bu sefil durumu bakarak, kısa zamanda pes edeceğimizi sandıklarını Lozan dönüşü sen bize anlattın. Ben sana şimdi bildiğinden daha da acıklı olan genel durumu özetleyeceğim.

Bize geri, borçlu, hastalıklı bir vatan miras kaldı. Yoksul bir köylü devletiyiz.

Dört mevsim kullanılabilir karayollarımız yok denecek kadar az. 4.000 km. kadar demiryolu var. Bir metresi bile bizim değil. ... Denizciliğimiz acınacak durumda... Her yerde tefeciler halkı eziyor... Güya tarım ülkesiyiz ama ekmeklik unumuzun çoğunu dışarıdan getirtiyoruz. Sığır vebası hayvancılığımızı öldürüyor. Doktor sayımız 337, sağlık memuru 434, ebe sayısı 136. Pek az şehirde eczane var. Salgın hastalıklar insanlarımızı kırıyor. Üç milyon insanımız trahomlu.

Bit ciddi sorun. Nüfusumuzun yarısı hasta. Bebek ölüm oranı % 60'ı geçiyor. Nüfusun % 80'i kırsal bölgede yaşıyor. Bunun önemli bölümü göçebe. Telefon, motor, makine yok. Sanayi ürünlerini dışarıdan alıyoruz. Kiremiti bile ithal ediyoruz.

Elektrik yalnız İstanbul ve İzmir'in bazı semtlerinde var. Düşmanın yaktığı köy sayısı 830. Yanan bina sayısı 114.408... Ülkeyi neredeyse yeniden kurmamız gerekiyor. Yunanistan'dan gelen göçmen sayısı da 400 bini geçecek. İktisadi hayatımız da, eğitim durumumuz da içler acısı.

İktisatçımız da çok az. Zorunlu okuma yaşındaki çocukların ancak dörtte birini okutabiliyoruz. Halkın eğitimi hiç çözülmemiş. Oysa Cumhuriyet'in insan malzemesini hazırlamalı, namus cephesini güçlendirmeliyiz.

Bu büyük görevin ağırlığını ve onurunu seninle paylaşmak istedim. Allah yardımcımız olsun!"[49]

Tarihçi İlber Ortaylı ise tabloyu şöyle veriyor:

"1920'de nüfus 12 milyon dolayındaydı, 11 milyon kişi köyde yaşıyordu. Traktör yoktu; Hititlerden kalma Kağnı ve Kara saban kullanılırdı... Yaklaşık iki milyon sıtmalı, 1 milyon frengili ve 3 milyon trahomlu insan vardı Anadolu'da; verem, tifüs, tifo salgını kol geziyordu; doğan her iki bebekten biri (AS: bizdeki bilgilere göre her 5 bebekten 1'i) 1 yaşına gelmeden ölüyordu; ortalama yaşam süresi 40 yıl kadardı. Memlekette Doktor sayısı 337, ebe sayısı 136, eczacı sayısı 60 idi. Diplomalı Diş hekimi hiç yoktu.

Erkeklerin yalnızca % 5'i, kadınların binde 5'i okuma – yazma biliyordu.

Okur-yazar erkeklerin çoğunluğu, subay veya gayrimüslimdi. Okul yaşı gelen her dört çocuktan zaten üçü okula gitmiyordu. ... Yalnızca 23 lise vardı. Öğretmenlerin üçte birinin, öğretmenlik eğitimi bile yoktu. Tek üniversite vardı, Darülfünun, medreseden halliceydi. ... İbrahim Müteferrika'dan başlayarak 150 yılda basılan toplam kitap sayısı kaçtı biliyor musunuz? Yalnızca 417'ydi..."

Zafer Toprak da bugünlere hangi feci günlerden geçip geldiğimizi "Türkiye'de Yeni Hayat" çalışmasıyla mükemmel bir şekilde gözler önüne serer. Doktor Hakkı Şinasi Paşa'ya gönderme yaparak, ülkede çocuk ölüm oranının yüzde 80 gibi son derece yüksek olduğunu

---

49. Turgut Özakman, **Cumhuriyet: Türk Mucizesi 2**, Bilgi Yayınevi, İstanbul, 2010

ileri sürüyordu Geri kalan yüzde 20'nin de durumu ayrıca vahimdi.[50]

Evet, yüzde 80, yüzde 90 çocuk daha ilk yaşlarında hayatlarını kaybediyordu. Peki, geride kalan yüzde 10'un durumu neydi?

Buna yine Sabiha Zekeriya cevap veriyordu: *Her şeyden önce yetimler vardı. Bunların sayısı 200.000 dolayındaydı. Küçük bir kısmı devlet tarafından himaye ediliyordu. Kalan 190.000 sokakta kalmıştı. Yine çocukların önemli bir kısmı doğru dürüst beslenemiyordu. Bu oran onda dokuzdu. Üçüncü mağduriyet gayrimeşru çocuklarınkiydi. Bir kısmı Darülaceze bünyesinde, önemli bir kısmı ise sokaklarda telef oluyordu. Bir diğer çocuk felaketi kimi "ticaret kumpanyaları" tarafından sokaklarda dilendirilen çocuklardı. Yoksul çocukların önemli bir kısmı, evsiz barksız, cami avlularında, köprü altında, çeşme diplerinde yatıp gündüzleri serserilikle geçiriyorlardı. Çocukların bir kısmı bedenen sakat ve maluldü. Aralarında kör, topal, dilsiz, sağır olanlar vardı. Sabiha Zekeriya yüzde 5'ten ilk tahsil yoksunu, ağır işlerde istihdam edilerek bedensel gelişimlerini tamamlayamamış ya da tembel, budala, miskin çocukları da çıkarıyor ve geriye sağlam ve yarınlarına güvenilecek ancak yüzde 2 oranında bir çocuk kaldığını kaydediyordu. Bu oran ile nasıl "asri bir millet", nasıl "demokrasi" inşa edilebilirdi! Cumhuriyet'in temel Sorunu buydu.[51]*

Bu tarihi bilgileri vermenin çarpıcı bir amacı var. Günümüz lumpen sosyetesinin aşağılık kompleksi!

Netice: Aslını inkâr. Aslından nefret. Geçmişini unutma çabası. Jandarma dipçiğini, trahomlu, hastalıklı köylü dedeleri-nineleri unutma. Aristokrat olduğunu sanma kompleksi. Ötesi, kendini Amerikalı sanma. Bir an evvel canını, Hristiyan dünyaya atma hülyası. Ve henüz düzeltemediğimiz eğitim felsefesi. Enderun'un köylüyü aslına yabancılaştırma eğitiminin Cumhuriyet döneminde hala imha edilemeyişi. Gençlerin yüzde doksanının ülkeden kaçma arzusu...

Metropollerde menşei belirsiz manipülasyonlardan bîhaber *"çağdaş"* ve *"ilerici"* iddialarla sokaklara dökülen yer yer diplomalı, özenti

50. Turgut Özakman, 2010, s. 188
51. Turgut Özakman, 2010, s. 189

lumpenlerin psikolojik derinliklerine inilmeden siyasetimizdeki nefret ortamının çözümlenmesi kolay olmayacaktır.

İstanbul lumpen sosyetesi konusunda yapılacak bireysel psikolojik ve sosyopsikolojik araştırmalar ciddi sosyal hastalığımız olan aslına yabancılaşma konusunda önemli aydınlatmada bulunabilir. Şimdiden söylenebilir sanırım; köy düşmanlığı ve aslından nefret, transformasyon süreci olan lumpenlikten burjuvalaşmaya yaklaşıldığı, sosyal ergenlikten olgunlaşmaya geçildiği oranda giderek azalacaktır.

Bir başka ilginç sosyo-psikolojik gözlem; yüksek eğitimli, dünyanın en iyi üniversitelerinde okumuş kadınlı erkekli müreffeh Ak Partililer bile, kendilerini *"göbeğini kaşıyan"* olarak nitelendiren ilkokul mezunu CHP'lileri zaman zaman kendilerinden üstün bir sınıf, eski Türkler'in deyişle **"Ak Budun"** olarak görebiliyorlar. Batıda üretilmiş fikirleri, Anadolu'nun şifahi kültür genleriyle, üzerine bir şey ilave etmeden ezbere tekrarlayanları, ülkemizin entelektüelleri, aydınları olarak kabul ediyorlar. *"Sosyal Damgalama"*yı kanıksamış, kendine güvensiz bu **"Kara budun"** psikolojisinin de derin analizi gerekir.

Bu vesile ile kitabımızın adında yer alan **"Beyaz Türk"** ile **"Siyah Türk"** Erol Göka'nın referansıyla ak budun ve kara budun kavramlarına da kısaca değinelim. Radikal bir örnek: Aile beş vakit ibadette, şalvarlı, takkeli, takunyalı. Çocuk okumuş, devlette, özel sektörde en yüksek makamlarda, dinle diyanetle ilişkiyi koparmış, alkol kullanır, domuz eti yer, bikini giyer. Modern ortamlarda, şalvarlı anasıyla birlikte görülmekten çekinir, korkar. İçinden çıktığı ailenin değerlerine yabancılaşmanın ötesinde o değerlere yerine göre iğrenerek, yerine göre nefretle bakar. (Hüseyin Rahmi Gürpınar'ın "Şıpsevdi"si Meftun Bey kompleksi mi desek...) Bu aile (Siyah Türk) ile çocuğunu (Beyaz Türk) artık aynı sosyal sınıfta sayabilir miyiz? Tek bir nesilde[52] kitlesel, radikal sınıf değiştirme dünyada kaç toplumda var? Aileden

---

52. "1950'de 20 milyon olan nüfusun yüzde 80'i köylüydü. [S.148]. Amerikalı bir uzmanın hazırladığı bir raporda [M.W Thomburg vd., Turhey, an Economic Appraisal, New York 1949, s. 91.], devlet teşebbüslerinde tek tük rastlanan '20. Yüzyıl sanayi teknolojisi'nin örnekleri ile 'Hititler zamanından kalma' tarım teknikleri arasındaki uçurum ortaya konuyordu". Çağlar Keyder, **Türkiye'de Devlet ve Sınıflar**, İletişim Yayınları, İstanbul, 2015, s.150. "Çoğumuzun beş nesil önceki dedesi büyük olasılıkla göçebe idi". Göka, 2006, a.g.e. S. 87

başlayan kültürel yırtılma, yabancılaşma, onun da ötesi self-hatred yani *"kendinden nefret"* konusunda ülkemizdeki çok disiplinli araştırmalar henüz yetersiz. O nedenle bir sonraki kitabımızda konuyu uzmanlarıyla çok daha geniş olarak ele almayı düşünüyoruz.

Şimdi de gelelim muhafazakârlara

Moda bir slogan var: *Her iktidar kendi burjuvasını yaratır.* Ak Parti zamanında da kuşkusuz mütedeyyin Anadolu sermayesi palazlandı. Ve hızla kapitalist tüketime, Batı yaşam tarzına girdi. Mütedeyyin kapitalistler metropollerin sosyete semtlerinde ev almaya, pahalı mekânlarda alışveriş yapmaya ve yemek yemeye başladılar.

Dikkat edilirse konumuz hala Anadolu'nun yoksulu değil. Anadolu'dan filizlenen ve aslına yabancılaşmayı reddeden yeni kapitalistlerden, klasik Batıcı devşirme bürokrasi ve onların yaşam tarzını benimsemiş besleme kozmopolit sermayeye karşı yükselen yeni bir sınıftan bahsediyoruz.

Sanıyorum 21. yüzyılda bir aristokrasi oluşacaksa, o aristokrasi volatil, liberal kozmopolit sermayeden değil, muhafazakâr mütedeyyin sermayeden çıkacaktır. Aristokrat sınıf muhafazakârdır; köksüzlüğü, hızlı değişimleri, hızlı sınıf atlamaları kabullenmez. O nedenle gelecek Türk aristokrasisinin mütedeyyin sermayeden oluşma ihtimali, liberal, kozmopolit sermayedarlara göre daha yüksektir.

Aristokrasi denildiğinde, karşımıza onun kültürel yönü de çıkıyor. Batıcılarımızın mütedeyyin sermayeye karşı önemli küçümsemelerinden biri, mütedeyyin burjuvanın kültürel güçsüzlüğü. Mütedeyyinler de mahcup bir şekilde bu küçümsemeye ses çıkaramıyorlar. İşin gerçeğine bakılırsa Batıcılar bu ithamda bulunurken aslında kendi topuklarına ateş ediyorlar. Zira Batıcılarımız, Tanzimat'tan bu yana Batı'da üretilmiş kültür, teknik ve fikirlerin hem ana *"tüketicisi"* hem de deyim yerindeyse *"distribütörü"*dür.

Batıcılarımızın dünyaya sunacakları özgün "Türk" üretimi yoktur. Müzikte yok, mimaride yok, teknolojide yok, plastik sanatlarda yok, bir iki yazar dışında edebiyatta da yok. Zira bu sınıfın 1940'lardan kalma "kapalı köylü ideolojisi Kemalizm"in etik ve estetik kaygısı yok. Anlaşılan bu alanlarda yaratıcılığı iki yüz yıldır Batı'yı taklit edenlerden beklemek hata idi. Beklenti eşyanın tabiatına aykırı idi. Bu alanlardaki üretim, yine kendi modernitesini üretecek Anadolu burjuvasına düşüyor.

Tam da burada Toynbee'nin sözlerine bir kez daha kulak verelim: *"Türkiye'yi küçük görmekte haklıyız. Çünkü bizi taklit edene niçin saygı duyalım? Ben ancak medeniyetime katkıda bulunabilecek olana saygı duyarım."*

Bir tahlil denemesi: İstanbul entel barlarındaki bilgi kumkuması, ezberci, malûmatfüruş ayaklı kütüphaneler... Köyden üniversiteye gelmiş taşra çocuğunun; 68 gençliğinin; köylü dedesinden, babasından, şifahi kültürden devam ettirdiği Kur'an ezber geleneği ile Marksist arkadaşının ezberini imtihanı: *"Das Kapital'in hangi sayfasının, hangi satırının bilmem neresini ezbere söyle bakalım".*

Veya bir Kemalist'in *"çağdaş"* grubunda saygınlık arayışıyla Atatürk vecize ezberlerini döktürmesi... Köyün şifahi ezber kültürü. Ve Türk toplumunun, Türkiye'nin, hatta dünyanın geleceği için fikrî arayışların, tefekkürün, felsefi açılışların yokluğu, kısırlığı.

Burada soluklanıp Robert Kolejli gencimize bir daha kulak verelim:

Yıl **1951.** *"Robert Kolej bize Amerikan ideallerini öğretti. Şimdi bunları halen fakir, cahil ve değişime karşı olan köylülerimize aktarmaya çalışıyorum. Bu engellerin karşısında bizim en iyi silahımız Amerikalılar, iyi kitaplar ve iyi yollardır."*[53]

Jön Türk ağabeyler izinde, *"Mission Civilisatrice"* misyonerleri. Sürüye çobanlık ideali. Yaklaşık yirmi yıl sonra, 1968 gençliği. Bu kez çobanlar soldan geliyorlar. Örnek; komşu okullar Mülkiye ve Ankara Üniversitesi Hukuk Fakültesi *-benim okulum-*... *Parka-Postal-Bıyık günleri.* Parkanın cebine itina ile görünecek şekilde yerleştirilen *Cumhuriyet gazetesi.* Yanıltıcı genel görüntü, köylü gençlerin düzeni değiştirme iddiası. Ama kendilerinin de farkında olmadıkları gerçek

---

53. Babaoğlu, Sabah Gazetesi, a.g. yazı, Hiperlink: https://bit.ly/3RkTX8E

şuuraltı farklı.[54]   Tarihten gelen devşirme içgüdüsüyle bu millete çoban olma hayali. Köyünü geride bırakıp devşirme sınıfına katılmak, geri köylü toplumu gütme güdüsü. Ve slogancı bilinçsiz köylü gençliğin becerebilen bölümünün 2000'li yılların Amerikancı İstanbul sosyetesine dönüşüm süreci... Bilim insanlarınca incelenmesi gereken bir diğer tarihsel-psikolojik trend...

---

54. İdris Küçükömer'e kulak verelim: *"Türkiye'nin solcuları gericidir. Üretim güçlerinin gelişmesinden yana değillerdir. Tek merkezli, yukardan aşağı otoriter bir örgütlenmenin savunucusudurlar. Halkı yönetilecek sürü olarak görürler."*

İKİNCİ BÖLÜM

Osmanlı Devleti

Birinci bölümde günümüz siyasi nefret ortamının psikolojik altyapısını, aşağılık kompleksini, aforoz korkusunu, özentiyi, konformizmi ve bunların tetiklediği siyasi nefreti olabildiğince irdelemeye çalıştık. Şimdi de bu nefretin tarihî altyapısına ışık tutmaya çalışalım. Konumuz yöneten (devşirme) ile yönetilen (reâyâ). Bunlar birbirlerine yabancılaşmış iki gruptur.

Bu bölüme ünlü Kırgız yazar Cengiz Aytmatov'un *"Gün Olur Asra Bedel + Cengiz Han'a Küsen Bulut"* romanından[55] alıntı ile başlayalım. Konu, Sovyet Sosyalist Cumhuriyetler Birliği (SSCB) döneminde Kazak köyünden çıkıp, okuyup, köyüne yabancılaşan Sovyet bürokratın **mankurt** örneklemesiyle anlatımı:

"Bu efsane, Juan-Juanlar'ın (Cücenler) Güney-Doğu Asya sınırlarından sürülünce, Kuzeye akın ederek Sarı-Özek'i ele geçirdikleri zamana aittir.

... Ama yeni doğmuş gibi, hiçbir şey bilmiyormuş. Ne kendisinin adını biliyormuş, ne anasının, ne babasının adını. Juan-Juanlar'ın ona yaptıklarını da hiç hatırlamıyormuş. Sorulan her soruya ya evet, ya hayır diyor, ya da hiçbir şey söylemiyormuş. Başına sımsıkı yapıştırdığı şapkasını da hiç çıkarmıyormuş. Çok ayıp, çok acı bir şey olsa da, insanlar bazen sakatlarla alay etmekten hoşlanırlar. Tüccarlar, bazı mankurtların başındaki deve derisinin kendi derisine çıkmamasıya yapıştığını bildiklerinden, onunla gülüp alay etmeye başlamışlar. Böyle bir mankurta "Gel başını buharlayalım da o deve derisini koparalım" demekten daha korkutucu bir şey olmazmış. Bu sözü duyan mankurt yaban ayısı gibi tepinir, kafasına kimseyi dokundurmazmış. Böyleleri şapka-

---

55. Aytmatov, kitabının, Sovyet rejimi nedeniyle yazamadığı bölümünü daha sonra **"Cengiz Han'a Küsen Bulut"** adıyla yayımlamıştır. Seyredenler hatırlayacaklardır, mankurt teması Diriliş Ertuğrul ve Payitaht Abdulhamid TV dizilerinde de işlenmişti.

larını başlarından hiç çıkarmaz, gece-gündüz onunla yatıp kalkarlarmış. Konuk tüccarların anlattıklarına göre mankurt ne kadar sarsak olsa da, işini çok iyi yapıyormuş.

...

- Senin adın Colamandır. İşitiyor musun? Sen Colamansın. Babanın adı Dönenbay idi. Babanı da hatırlamıyor musun? Küçüklüğünde ok atmayı sana o öğretti. Ben ise senin ananım, sen de benim oğlumsun. Naymanlar kabilesindensin. Anlıyor musun? Sen bir Nayman'sın...

...

Bütün bu sözler Mankurt'a hiçbir şey hatırlatmıyor, ona hiçbir etki yapmıyordu. Ama Nayman Ana anlatmaya, oğlunun karanlık bilincinde bir şeyler uyandırabilme umuduyla konuşmaya devam ediyordu. Tekrar tekrar konuşuyor, sımsıkı kapalı bir kapıyı döver gibi, ısrarla aynı soruları soruyordu:

- Colaman! Oğlum!

Nayman Ana birden eyerin üzerinde döndü ve oğlunun kendisine nişan aldığını gördü.

- Dur! Atma!

Ancak bunu diyecek kadar zamanı olmuştu. Deveyi mahmuzlayıp hızlandırmak istemişti ama fırlatılan ok vınlayarak sol böğrüne saplanmıştı bile!

Darbe öldürücüydü. Nayman Ana'nın başı sarktı, devenin boynuna sarılmak istediyse de tutunamadı, yere yuvarlandı. Ama kendisinden evvel beyaz yazması düştü başından. Ve bu beyaz yazma bir kuş olup havalandı. Ana'nın ağzından çıkan son sözleri tekrar ede ede gökyüzüne uçtu gitti: "Adını hatırla! Kim olduğunu hatırla! Babanın adı Dönenbay! Dönenbay! Dönenbay!"

Bu yerlerde trenler doğudan batıya, batıdan doğuya gider gelir... gider gelirdi..

...

Söz gelişi, şu Sabitcan'ı ele alalım. Daha küçük yaştan onu bir yatılı okula vermişlerdi. Sonra çeşitli okullara, enstitülere göndermişlerdi. Zavallı Kazangap, biricik oğlu iyi okusun, şehirlerde oturup iyi bir hayat yaşasın diye, elinde avucunda ne varsa harcamıştı. Sonuç ne oldu? Birçok şey öğrenmişti ama yine de beş para etmezdi, hiçbir işe yaramazdı...

...

Baban seni okutup yetiştirdi. İşte şimdi de onu, şu ıssız bozkırın ortasına, (mezarına) tek başına bırakıp geliyoruz. Tek tesellimiz burasının da kendi toprağımız, vatanımız olması. Sen okumuş bir adamsın ve il merkezinde görevin var, Tanrı'ya şükür ağzın iyi lâf yapar, herkesle konuşabilirsin... çeşit çeşit kitaplar okumuşsun...

- Ne olmuş okumuşsam? diye sözünü kesti Sabitcan.

... Koca Yedigey bunları düşünüyor ve düşündükçe kendini iyice ezilmiş hissediyor, dayanılmaz yürek acısı içinde kıvranıyordu. Sabitcan denen bu genç adama hem kızıyor, hem acıyor ve ondan nefret duyarak mırıldanıyordu:

- Mankurtsun sen, mankurtsun! Gerçek bir mankurt!"

Köyden çıkıp köyüne, aslına yabancılaşmak ve anasını, atasını tanımamak...

Üç Osmanlı

Osmanlı Devleti'nde Sınıflar

Cahilin, İslâm ilimlerine hazırlıksız girdiğindeki iman sarsıntısı gibi, tarih bilmeyen Türk'ün Osmanlı tarihine hazırlıksız girmesiyle kendisini Osmanlı atasına düşman bulması da mümkündür. Şu ana kadar yazdıklarımızdan anlaşılacağı gibi denememiz modern Türk ile Osmanlı atası arasındaki gerilimli tarihi ele alıyor. Ancak, onların anlaşamayan baba-oğul gibi de olsa, tek bir öz olduğunun, birlikte insanlık tarihinin en büyük medeniyetlerinden birinin kurucusu olduğunun, karşılaştırmalı tarihçilikle o dönemde derebeylik Avrupa'sındaki serflerin inim

inim inlediklerinin de bilincinde. Konuya kendini küçümsemek için değil, Türkler'in iç siyasi sorunu olarak bakıyor.

Jean Paul Roux'ya kulak verelim: *"Devlet-i ebed müddet, göçebe ruhunun üretimidir. Tarihçiler arasında Türkler'in devlet kurma becerilerinin yüksekliği konusunda genel bir fikir birliği ortaya çıkmıştır. Türklerde imparatorluk kurma eğilimi vardır. Türkler sözcüğün tam anlamıyla yeryüzünün hükümdarlarıdır. Kurdukları ve hiçbiri diğerine benzemeyen imparatorluklar iki bin yıl boyunca bazı temel özellikler taşımaktadır. Bu imparatorluklar birer halk mozaiğiydi: Türkler bu imparatorluklarda, halkları uyum içinde bir arada yaşatmaya çalışıyor, onlara güçlü bir biçimde merkezîleştirilmiş ve despotik bir iktidarın yönetimi altında kimliklerini, dillerini, kültürlerini, dinlerini, hatta çoğunlukla önderlerini muhafaza etme hakkını da tanıyorlardı. Fetih hakkı olarak en yüksek görevler kendilerinin olduğu haldede, ele geçirdikleri ülkenin insanları onlardan uygarsa, yerli halkı, güven gerektiren görevlere getirmekten çekinmemişlerdir."*[56]

Ahmet Taşağıl da aynı fikirde. *"Türk ülkesinin sınırları içinde yalnızca Türkler yaşardı, demek doğru değil. Başka milletlerden insanlar da yaşardı hatta vezirlik makamına kadar yükselenler olurdu. Bazen bu yükselme kötü sonuçlar doğururdu. Çünkü hükümdar üzerinde etkili oluyor ve kanunları değiştirebiliyorlardı. Bu da devletin yıkılmasına kadar varabiliyordu. Halk ile devletin arasında kopukluk yaşanıyordu."*[57]

Kısacası millet olarak asaletimizden şüphemiz yok. Konumuza dönersek, önümüzde sorgulanması gereken bir tarih bilmecesi var. Cumhuriyet ideolojisi *"öteki"* olarak tarihî düşman Batı'yı değil, *"dinci-gerici-yobaz"* Osmanlı'yı koydu. *"Yobaz Osmanlı"* suçludur, ötekidir. Ancak ortada bir şaşkınlık var. Sultanlar iktidarı Türk aristokrasisi ile paylaşmayayım derken, kaderlerini Fatih'ten itibaren yeniçeri ve devşirme bürokrasinin insafına terk etmişlerdir.

---

56. Jean Paul Roux, **Türklerin Tarihi, Pasifik'ten Akdeniz'e 2000 Yıl**, Çev. Aykut Kazancıgil ve Lale Arslan-Özcan, Kabalcı Yayınevi, İstanbul, 2007, s. 41
57. **Türklerin Serüveni - Metehan'dan Attila'ya, Fatih'ten Atatürk'e**, Ed. Cansu Canan Ülgen, Kronik Kitap, İstanbul, 2019, s. 30

O zaman şu soruyu sormamız gerek:

Osmanlı suçlu, kabul, peki hangi Osmanlı?

Kafalarımız karışık. Konuya analitik yaklaşalım. Üç Osmanlı var. Üçü de atamız. Buharlaşmadılar: Padişah, Devşirme Bürokrasi, Reâyâ (Halk). Veya hepsi. Yani düşman kendimiziz?

Konumuza biraz daha yakından bakalım. Eflatun'a başladığımızda bir konu çarpıcı şekilde karşımıza çıkar: Yöneten-yönetilen ayrımı. Daha sonra Arnold Toynbee'yi okurken onun Osmanlı Devşirme Kurumu'nu Eflatun'un ideal yönetim sistemine en yakın sistem olarak tanımlamasını görürüz.[58] Başta rahmetli dostum, büyüğüm Halil İnalcık, sonra Şerif Mardin vb. tarihçi ve sosyologların merkez-periferi, seyfiye, ilmiye, adliye, mülkiye, reâyâ vb. konularındaki çalışmalarını görüyoruz.

Tezimiz açısından ele alındığında her toplumda elit sınıfların olduğu, elit sınıfların taşradaki halkın kültür düzeyinin üzerinde bulundukları düşünülür. Bu fark, yani bir anlamda sınıflar arası yabancılaşma, Osmanlı özelinde ne anlam ifade ediyordu? Devşirme yabancılaşmasının tarih sürecindeki sosyal ve siyasal sonuçları nelerdi? 21. yüzyıl Türkiye'sine süregelen etkileri nelerdi?

Avrupa'nın feodalite devamı kapitalist düzeninin çatışan ekonomik sınıflarının olmadığı Osmanlı'da sınıf yok muydu? Kesinlikle gerilim içinde iki sınıf vardı. Eflatun'un yöneten-yönetilen sınıfları. Kitabımızın ikinci konusu da Selçuklu'da başlayıp Osmanlı'dan süregelen, *15 Temmuz 2016 Devrimi'*yle sona eren bin yıllık devşirme yönetim sistemi.

Padişah

Şimdi suçlu adaylarını tek tek inceleyelim. Padişahtan başlayalım.

Baba kurucu Türk, *Osman Bey'*dir. Analar bir kaçı hariç, Türk olmayan köle cariye. Kuruluş yıllarında Türkmen başat rollerdedir. *I. Murad* ile başlayan yeniçeri ve devamı devşirme bürokrasinin *Fatih* za-

---

58. Arnold Toynbee, **A Study of History, Vol. 3, The Growth of Civilizations,** s. 33

manında oturması ile iktidar artık devşirmelerde. Şehzade, padişah anneleri ve vezîriâzamlar, elit kolejler olan Enderun ve Harem'de yetiştiriliyorlardı. Yani padişahın kendisi de devşirme okulunda yetişmiş. Sistemin ayrılmaz parçası. Akraba yok. Aile yok. Kardeş katli kanunlaşmış. Bu sistemde iktidara rakip olacak aristokrasi de yok.

Yönetim devşirme bürokrasisinin elinde. Sistem istemediği padişahı deviriyor, öldürüyor.[59] Devşirmeyi dengeleyecek Avrupa benzeri *"Feodal Aristokrasi"* ve *"Vatikan"* yok.[60] Denge sistemi kurulamamış.

Başa dönelim. **Padişah kaplanın (devşirmenin) sırtında**. Ya efendisin, ya kurban.[61] Güçlü isen hükmedersin. Değilsen devrilirsin. Karşımızda on iki sultan deviren, devletin gerçek sahibi olan, (devlet çökünce onun yerine Cumhuriyeti de kuran) Arnold Toynbee'nin anlatımıyla Platonist devşirme devlet idarecileri var.

Padişah eğitimiyle, genetiğiyle kendisi bizzat devşirmelerden biridir. Bu kadar iç içe, homojen bir yönetimde eti tırnaktan ayırır gibi suçlu yalnız padişahtır veya suçlu yalnız asker ve sivil bürokrat denebilir mi?

Cumhuriyeti kuran Osmanlı devşirmeleri bu hatayı yaptılar. Suçlu padişahtır dediler. Bunu bilerek ve kasıtlı olarak yaptılar. Osmanlı çöküş dönemi sorumluluklarının tümünü *"padişah"*a yüklediler. Aksini yapamazlardı. Abdulhamid'in, Vahdettin'in şeytanlaştırılmaları

---

59. Küçükömer, a.g.e. S. 19

60. *"Her ne kadar merkezî otoriteyi Sultan/Halifenin mutlak iradesi temsil ediyor görünse de, saray erkânı, ordu, bürokrasi ve ulema da kararlarda ve uygulamalarda etkili oluyor; bunlar arasındaki denge zaman içinde bozuluyordu. Dengenin bozulduğu zamanlarda silahlı gücü elinde bulunduran Kapıkulu Ocakları, diğerleri karşısında daha etkin bir konum kazanıyor"*. Göka, 2006, a.g.e. S. 231

61. Kağan, *"Gök-Tanrı'nın yeryüzündeki temsilcisiydi"*. Zeki Velidi Togan, **Umumi Türk Tarihine Giriş**, Enderun Kitabevi, İstanbul, 1970, s.185.
"Doğa kültlerinin yanı sıra göçebe ruh hâliyle iç içe geçmiş bir başka ilksel inanç, atalar kültüdür. Eski Türkler ata ruhlarının da yaşamayı sürdürdüğüne, onların kendi hayatlarının bir parçası olduğuna inanırlar, ata ruhlarına çok önem verir, onlara adanmış kurbanlar keserlerdi. Sürekli olarak toplu halde, dayanışma ve disiplin içinde yaşayan göçebe Türkler'in niye akrabalarıyla sımsıkı bir bağ geliştirdiklerini, niye doğaya emanet etmek zorunda kaldıkları ölmüş atalarının ruhlarına böylesine saygı gösterdiklerini anlamak çok kolaydır. Atalar kültü, büyük ihtimalle göçebe dayanışması ve sıkı disipline duyulan ihtiyaçla yakın bir bağ içindedir..." Erol Göka, 2012, a.g.e. S. 155

teknik bir yöntemdi.

Erken Cumhuriyet yöneticileri Osmanlı devşirme bürokratların *(Jön Türk-İttihat Terakki)* kesintisiz devamı olduklarına göre, kendilerini taşlayamazlardı. Osmanlı çöküşünün sorumlusu devşirme bürokrasi sınıfı olmamalıydı, sorumlu şeytan bulunmalıydı, şeytan Sultan idi. Yani sistem değil, bireydi.

Burada bir soluklanalım ve düşünelim. Osmanlı yönetim mekanizmasında *Padişah* ve *Devşirme* tek vücut idi. Başta söylediğimiz gibi Atatürk padişahlığı ilga edince devşirmenin kafasını koparmış oldu. İlginç olan, devşirmenin, başsız kalmanın kendi sonunu getireceğini fark edememiş olmasıdır. Kafası kesik devşirme, sultasını tarihî tecrübesiyle kabaca yüz yıl daha sürdürse de, sonunda pes ederek bin yıllık iktidarını kaybetmiştir.

Özetle, Osmanlı suçluydu derken yönetim birliğini parçalayıp içinden padişahı ayrıştırıp, onu tek suçlu ilan etmek, Osmanlı devşirme bürokrasisini bundan bağışık tutmak siyasi bir saptırmacaydı. Osmanlı gerileme ve çöküş dönemi *İbni Haldûn'cu* bakışla tabii bir süreç olarak görülse de, sorumlu arandığında aklî olan, sorumluluğun padişahla birlikte tüm yönetim sistemine mal edilmesi gerektiğidir.

O haldede Osmanlı tek başına Padişah'tan ibaret değildi.

Şimdi de Devşirme yönetime bakalım.

Devşirme Bürokrasi

"Türklerden kim okumuşsa milletinden, halkından ayrılmıştır."[62]

Ömer Seyfeddin

İdris Küçükömer, Osmanlı Devleti'nin sürekli yarı seferberlik halinde asker-devlet yapısını vurgular.

Hakkını verelim, Osmanlı'nın altı asırlık ömrünü mümkün kılan unsur, kardeş katli ile birlikte devşirme bürokrasi sistemidir. Bu sınıf aynı zamanda devleti üç kıtada güçlü bir şekilde temsil eden sınıf-

---

62. Ömer Seyfeddin, **Halk ne der?**, [Makale], Türk Sözü

tır. Osmanlı Devleti'nin *Roma mirasçısı* olduğunun bir göstergesi bu sistem, günümüzde ABD, İngiltere ve Fransa'nın da bir anlamda uyguladığı devlet sistemidir.

Orta Asya'dan başlayarak dikkatimizi çeken ana sorun; yerleşik düzene geçen devletin, göçebe demokrasisini (toy-kurultay) ve bir sonraki aşamada yerleşik feodal Türk aristokrasisini, siyasi iktidara tehdit olarak görmesiydi.

Kılıcıyla daima *"Ufukların Efendisi"*[63] ama yerleşik yönetim tecrübesi olmayan Türk hakanlarının, fethettikleri ülke okumuşlarından devlet memuru devşirmeleri pratik bir çaredir.[64] Sorun, giderek Türkmen'e yabancılaşan bir yönetim sınıfının (Ak Budun), halktan (Kara Budun) ayrışarak güç merkezine dönüşmesi. Yönetimin *"Türkmen"*e yabancılaşmasının zirve yaptığı iki büyük devlet; Selçuklular ve Osmanlılar.

Olay *I. Murad*'ın sürekli asker ihtiyacı ile başlıyor. İslâm geleneğin de pençik kuralı var. Savaş ganimeti kölelerin beşte biri sultana ait. Sultan o zamana dek ufak tefek özel işler dışında köle kullanmıyor. Çandarlı Halil Paşa sultan payı köleleri askere almayı öneriyor. Sultan Murat'ın emri ile yeniçeriliğin temeli tahminen 1361 yılında atılıyor. Daha sonra Balkanlardan çocuklar bu amaçla toplanıyor, devşiriliyor. Türk aileler yanında Türkleştikten sonra yeniçeri oluyorlar, zekileri ise bürokrat olmak üzere saraya, Enderun'a gönderiliyorlar. Ve bu örgütlenme devşirme sistemi olarak devleti yönetiyor.

Köle kızlar da saray cariyesi olarak haremde yetiştiriliyor, genelde saray hizmetlerini görüyorlar. Çok azı sultan gözdesi ve nihayet imparator annesi valide sultan oluyor, bir kısmı da prenseslerle birlikte devşirme paşa ve vezirlerle evlenerek sistemin uyumlu ailelerini

---

63. Jason Goodwin'in kitabına verdiği isim. Kitabın tam adı: **Lords of the Horizons: A History of the Ottoman Empire**

64. *"Türkler, bitmek bilmeyen yönetme idealini ödünç kültürlerle ve devşirmelerle gerçekleştirmek zorunda kalma açmazını yaşıyordu. Dahası ödünç alınan kültürleri baş tacı eden Türk aristokrasisi, yani ak budun giderek kendini kara budunla aynı kökten saymayacak kadar yabancılaşıyordu. Elbette, güç kullanma ayrıcalığını elinde tutmak, her devletin tebaasından bir miktar yabancılaşmasına yol açardı ama Türk erkinin yabancılaşması öyle böyle değildi. Üstelik hem tebaayla kopuyor hem de saray koruyucuları dışındaki 'ordu'sunu onlardan kuruyordu. Millet, ister istemez 'ordu-millet' olmak zorundaydı."* Göka, 2006, a.g.e. S. 196

oluşturuyorlar.

Bununla birlikte, tekrar edelim, *"Devşirme"* kelimesiyle kastedilen; dar anlamda gayrimüslim köle memur değildir. O bölüm Fatih ile III. Murad arasındaki yaklaşık yüz elli yıllık dönemdir. Beş yüz yıllık devşirme ile geniş anlamıyla kastedilen, köyünden alınıp, merkezde okutulup, köyüne, aslına *"yabancılaştırılan"* devlet adamıdır. Bu projeksiyondan bakıldığında günümüz okumuşlarının içinden çıktıkları Anadolu halkına, ailelerinin değerlerine yabancılaşmaları, hatta ebeveynlerine, onların değerlerine hasım haline gelmeleri, bu tarihî eğitim sürecinin devamıdır.

Devşirme yönetimle[65] *(Müslim, gayrimüslim)*, köyünden alınıp Enderun'da köküne yabancılaştırılan halk arasındaki siyasi uçurumun çok daha derini kültürel alanda olmuştur. Atatürk'ün fikirlerini derinden etkileyen *Ziya Gökalp* bu ayrımı *"Türkçülüğün Esasları"*nda güçlü şekilde ifade eder.

Osmanlı tarihi *Şerif Mardin*'in tanımıyla, bir anlamda *merkez devşirme bürokrasi ile periferi Türkmen reâyâ gerilimi tarihidir.* Bir gün, saray bahçesindeki hademelere iş gördürürken, içlerinden birisinin beceriksizliğine kızarak ona *"Eşek Türk"* [66] diye bağıran ve galiba Arnavut olan saray memuruna: *"Ben de Türküm!"* diye seslenmesi, Padişah'ın Türk olduğunu hatırlaması, tarih süreci içinde gecikmiş bir idrak, kendi başına fazla anlamı olmayan bir kabul.

65. *"Devşirmelerin Hıristiyanlıklarını benliklerinde gizleyerek Müslümanlaşmış görünmeleri… Bektaşîliği benimsemeleri, mafiyöz toplum yapısının en temel göstergesi olan 'çifte ahlâk' anlayışının tipik bir örneğini oluşturuyordu."* Göka, 2006, a.g.e. S. 231

66. *"Padişahların 'has gulam-enderun' sistemini geliştirme politikalarına karşı, bir asker ambarı görevi gören Türk zümreler, Selçuklu ve Osmanlı döneminde, özellikle 15. Yüzyıldan sonra, seslerini yükseltmeye çalıştılar. Devlet idaresinde Enderunlu has gulamların değil, Türklerin egemen olması gerektiğini biliyorlar, kardeşliğin önemini vurguluyorlardı. (Mustafa Akdağ, Türkiye'nin İktisadi ve İçtimai Tarihi, Cilt 2, 1999, s.19-20) Başarılı olamadılar, yenildiler."* Göka, a.g.e. 2006, S. 260.
Atsız çeyrek asır sonra Sultan Abdülhamid'i nasıl anlattı?
"Bir gün, saray bahçesindeki hademelere iş gördürürken, içlerinden birisinin beceriksizliğine kızarak ona: "Eşek Türk!" diye bağıran ve galiba Arnavut olan saray memuruna: 'Ben de Türküm!' diye seslenerek o memurun korkudan bayılmasına sebep olmuştur". Mustafa Armağan, **Bir Atsız, iki Abdülhamid (1)**, Yeni Akit Gazetesi, 30 Ekim 2022, Hiperlink: https://bit.ly/3DzDgjU

Burada bir anekdot konuyu daha açıklayıcı rol oynayacaktır. 1980-1982 yıllarında Suudi Arabistan'da Cidde Büyükelçiliği Konsolosluk Şubesi'ni yönetiyordum. Bir gün tutuklu bir vatandaşımız hakkında görüşmek üzere cezaevinden davet aldım. Gittiğimde beni bir er karşıladı, cezaevi komutanı yarbaya götürdü. Tutuklu vatandaşımızı getirmelerini beklerken komutanla samimi, esprilerle dolu bir sohbete başladık. Sohbete bir süre sonra er de katıldı. Neşeli ortamda bir an geldi, er yarbayın omzuna bir şaplak vurup *"Ya ammiy-Amcacığıım"* nidasını patlattı. Renk vermedim, ama sonra üzerinde epey tefekkür ettim.

Devşirme kültürünün bizde yöneten ile yönetileni, masa arkasındaki memur ile vatandaşı, komutan ile eri nasıl bıçak gibi böldüğünü düşündüm. Bedevî *(Çöl ve vahalarda develeriyle birlikte konargöçer olarak yaşayan Araplar)* kültüründe komutan da olsa, aşiret geleneğinin, psikolojisinin eşitlikçi etkisi ile karşılaştırma yapma imkânını buldum.

Osmanlı devşirme bürokrasisinin Anadolu Türkmen'ine yabancılaşması Birinci Meşrutiyet dönemindeki *"A la Franga"*laşmayla çok daha keskinleşmiştir. Devşirmelerin *"Etrak-ı bi-idrak"* sözü erken Cumhuriyet bürokrasisinde Ankara valisinin *"ulan öküz Anadolulu"* [67], İnönü'nün subaylarına hitaben *"halk düşmanınızdır"* [68] ve nihayet 21. yüzyılda devşirme basının *"göbeğini kaşıyan adam"* sözleriyle sürmüştür.

Devşirme bürokrasi her şeye rağmen mükemmele yakın bir yönetim sınıfıdır. Asırlar içinden ruhuna sinen tecrübeyle devlet gemisini fırtınalı okyanuslarda yüzdürüyor. İbn-i Haldûn hesabıyla ömrü biten devletin ömrünü uzatıyor. Devletin gerçek sahibi onlar. Osmanlı batıyor, onun yerine yeni devlet, Cumhuriyet'i kuruyor. Cumhuriye-

---

67. *"Türk soylu olanlar, yerleşik yaşamın gerektirdiği zanaatlara merak sarıp öğrenmek istediklerinde bu genellikle payitaht ve yöneticiler tarafından hoş karşılanmıyordu. Zira Türk soylular daha ziyade asker, çoban ve çiftçi olarak lazımdılar"*. (Babaoğlu, 2008: s.129) Göka, 2012, a.g.e S. 187

68. *"Tıpkı Büyük Selçukluların çökmeye yüz tutmalarıyla kendi akrabalarına ve atalarına dönme çabasıyla Sancar, Tuğrul gibi adlar almalar gibi (Cahen, 1994: s.54) Osmanlı da Türk kökenlerini hatırlamıştı"*. Küçükömer, a.g.e. S. 76

ti kuranlar Abdülhamid'in okullarından yetişme devşirme bürokratlar, generaller. Bu bürokrasinin günümüze uymayan, çağ dışı yönü, tarihte olduğu gibi, halktan ve onun değerlerinden kopuk olmasıdır.

Devşirme *15 Temmuz 2016 Halk İhtilâli* ile halkın *"devlet"*i ele geçirmesiyle *"kurduğu devlete"* küser, hatta yer yer *"Yeni Cumhuriyet"*e hasım hale gelir. Ona öykünen, henüz modern demokrasiyi ve onun öncülü hümanizmi içselleştirememiş, halka saygısız lumpen okumuşlar da onunla birlikte ihtilâlci taşralıya hasım haline gelir. Görüldüğü gibi analizimizde dinci/laikci gibi yapay bir bakış yok. Zira bu teknik anlamda bir *"sınıf savaşı"*.

Dinci/Laikci retorik konusunda bakın İdris Küçükömer ne diyor: *"Türkiye'de, Doğucu-İslâmcı... akım, son yüz yıl içinde Osmanlı toplumuna yön vererek onu kurtarmak amacında olan iki ana akımdan biridir. Diğeri Batıcı-laik akımdır. Bu sonuncu akım tarihî gelişme içinde, İslâmcı akımın sözde ve devamlı anti-tezidir. Batıcı akımın önemli yanı, gerçek bir tezin çıkmasını önleyen bir akım olarak gözükmesindedir."* [69]

Küçükömer'e bu satırları yazdıran gerçek, İslâm'ın ve göçebe Türk'ün kültüründe baştan beri mevcut olan *"öteki"* ile ahenk içinde bir arada yaşama felsefesine karşın, Batı medeniyetinin ve yerli temsilcilerinin ötekini ya yok etme, ya da asimile etme pratiği olsa gerektir.

Reâyâ

Gelelim reâyâya. Halk Osmanlı olarak taşlanabilir mi? Osmanlı'nın çöküşünden Türkmen sorumlu tutulabilir mi?

Cumhuriyetin kuruluş yıllarına gittiğimizde gördüğümüz, evet, Türkmen de çöküşten sorumlu tutulmuştu. Cumhuriyet kurucusu Osmanlı devşirme bürokratları, çöküşten sadece padişahı değil, asırlarca dışlayıp horladıkları reâyâyı da sorumlu tutuyorlardı. Osmanlı zamanında Sünnîleştirmeye çalıştıkları Türkmen'i bu kez aksine laikleştirmeye çalışıyor, direnci oranında da cehalet ve yobazlıkla itham

---

69. Küçükömer, a.g.e. S. 13

edip imparatorluğu batırdıklarını iddia ediyorlardı.

Gericilikle suçladıkları Alevî Türkmen babalarını, halk önderi hacı, hoca, tarikat önderlerini, Kürt din âlimlerini ve onlara tabi yaygın köy kitlelerini de sorumlu tutuyorlardı. Devrin edebiyatı köylünün din kültürünü hoyratça hırpalıyordu. Bu büyük haksızlıktı. Zira Türk'ün taşradaki İslâm anlayışı Bektaşîliğiyle tasavvufuyla tarih boyunca İslâm âleminin en hoşgörülü, en yumuşak, hatta deyim yerindeyse liberal İslâm'ı idi.[70]

Bu noktada Erol Göka'nın ilginç bir saptamasını verelim. *"Yazı; ezbere, hatırlamaya ve tekrara dayalı olması nedeniyle her türlü gericiliğin ve statükoculuğun mümbit ortamı olan sözlü kültürün panzehridir."* [71] Evet, köy şifahîdir, evet köy muhafazakârdır. Ama teraziye koyduğumuzda yeniçeri ve İstanbul esnafı yeniliklere daha da kapalı idi.

Yine de devşirme sınıf gözünde, geri kalışın ve çöküşün sorumlusu kendilerinden başka herkesti. Osmanlı geri kalışının ve çöküşünün sorumlusu "hain padişah" ve *"yobaz Anadolu"* idi. Edebiyat bu konuları işliyordu.

Cumhuriyet kurucuları bu yüzden *"öteki"* yerine Avrupa'yı değil, sultanıyla, onun gerçekte asırlarca dışladığı Türkmen'iyle Osmanlı'yı koydular. Bu nedenledir ki günümüzde bazı devşirmeler İzmir ve *Onuncu Yıl Marşları*'nı okurken akıllarındaki "öteki", Anadolu'yu işgale yeltenen Yunan değil, Osmanlı taşrasının devamı Türk'tür.

Erol Göka'nın satırlarını hatırlayalım, *"Öyle ki Çinliler, Türklerin iç kavgaları karşısında şaşırıp kalmakta, 'Türkler, yan yana barış içinde yaşamaktansa, birbirlerini yok etmeyi tercih ederler. Birbirlerine düşman... On binlerce klandan oluşurlar' demektedirler."* İnönü'nün savaş ortasında *"halk düşmanınızdır"* sözü bu satırları sanki teyit etmekte.

Hatırlatalım, Arap ülkelerinde kalan Türkler'in asimilasyona, Bal-

---

70. Sabri F. Ülgener, **Zihniyet ve Din İslam, Tasavvuf ve Çözülme Devri İktisat Ahlâkı**, Der Yayınları, İstanbul, 2006, s. 67

71. Erol Göka, 2006, a.g.e. S. 224

kanlar'da katledilen Türkler'in kaderlerine terkedilmeleri yönetimin halktan kopukluğunun ve umursamazlığının tezahürüdür. Tersi yaklaşımla, 1980'lerde Türk diplomatlarının Ermeni teröristlerce katledilmeleri de halkın değil, devlet bürokrasisinin ilgilenmesini gerektiren *"devlet sorunu"* idi. Halk, yönetime gelen zararın, kendisini de etkileyeceğinin henüz idrakinde değildi. Askerlik ve vergi dışında ne devletle fazlaca bir ilişkisi, ne de devletten beklentisi vardı.

Dönelim ilk sorumuza: *Osmanlı kimdir?*

Padişahıyla, devşirmesiyle, Türkmen'iyle Osmanlı atamızdır. Biz onların torunlarıyız, nokta.[72]

Aralarında nefret vardı, gerilim vardı, isyanlar, cinayetler vardı, evet. Ama kavga dedelerimizin arasındaki kavga idi. Mutlak izdüşümünü günümüz siyasetinde aynen gördüğümüz gibi... Kimse anasını, babasını, atasını seçemiyor. Diğer milletler gibi biz de kaderimize düşenlerin ahfadıyız. Derdimiz, Osmanlı hastalığı olan devşirme-reaya yabancılaşmasını Cumhuriyet'in nasıl tamir edebileceğidir. Bu kitabımızda her ne kadar kendi aramızdaki çatışmaları ele alıyor isek de şunu asla aklımızdan çıkarmayalım. Arnold Toynbee ve birçok düşünür Osmanlı'yı insanlık tarihinin en büyük medeniyetlerinden biri sayıyor.[73] Onu biz kurduk. Ve onun gururunu haklı olarak yaşıyoruz. Belki bir başka kitap ile imparatorluğumuzun yüce yönlerini anlatma imkânını da buluruz.

---

72. *"Osmanlı tabii ki Türk'tü. Nesini tartışıyorlar? Değilse niye yabancılar XV. ve XVI. asırlara 'Türk Asrı' demişler? Hiç tartışılacak bir şey yok çünkü Göktürkler'in devamıdır. Devlet geleneği olarak da öyledir, hatta halk olarak çok daha öyledir"*. Ahmet Taşağıl, **Türklerin Serüveni Metehan'dan Attila'ya, Fatih'ten Atatürk'e**, Ed. Cansu Canan Ülgen, Kronik Kitap, İstanbul, 2019, s. 36

73. Malum, Ortaçağ Avrupası'nda kralları dengeleyecek feodal aristokrasi vardı. Bir de meşruiyet kaynağı, Papa vardı. (Papa 6. Gregor, Fransa Kralı 4. Henri'yi 1077 kışında yalınayak kapısında bekletip, af için yalvartmıştır.) Erol Göka'nın söylemiyle Türk, *"Uygarlıklar arasında aracılık eden, donmuş uygarlıkları yıkarak yerine yenisinin geçmesine fırsat hazırlayan"* göçebedir. Ama sonunda kendi uygarlığını kurmayı başarmıştır.

Yeniçeri İsyanları

Geriye dönüp kökenlerimize, padişaha karşı devşirme isyanlarına bir bakalım.

Devşirmenin kökü, I. Murad döneminde başlayıp II. Murad döneminde kurumlaşan yeniçeriye kadar gider. Ve kuruluşundan birkaç yıl sonra ilk isyanı çocuk sultan II. Mehmed'e (Fatih) karşı *Buçuktepe İsyanı*'dır. Geleceğe ışık tutmak açısından belirtmekte fayda var; bu yeniçeriler, Fatih'in ölüm haberini alır almaz İstanbul'u da yağmalamışlardır. *Ahmet Önal ve Erhan Afyoncu*'nun deyişiyle *"Neredeyse Fatih Sultan Mehmed'den sonra isyanla yüzleşmeyen Osmanlı padişahı yok gibidir".*

Yeniçerinin özelliği, devrinin ilk düzenli ordusu olmasıdır. Onu dengeleyecek başka bir düzenli güç ne içeride ve ne de Avrupa'da vardır. Devşirme sistemi asker-sivil bürokrat iktidarı idi. Sultan güçlü olduğunda iktidarı mutlak görünmekle birlikte, yine de yönetim devşirmelerin elinde idi. Bu nedenle olsa gerek, darbelerde bir kaç istisna dışında hanedanı değiştirmek kimsenin aklına gelmedi.

Anadolu feodalitesini ve artçı aristokrasisini yok edip kaderini yeniçeriye teslim eden padişahlarda öğrenilmiş çaresizlik vardı. İsyanlarda tekrar tekrar gördüğümüz, sultanların tedbirdeki eksiklikleri, müdahaledeki gafletleri ve gecikmelerinin üzerinde belki de şuuraltındaki bu öğrenilmiş çaresizlik etkin olmuştur.

Padişahlara verilen öğüt bu çaresizliği açıkça gösterir. *"Padişahım bu müfsidleri sakinleştirmek lâzımdır ve başka bir yolla cevapları mümkün değildir... Kul istediklerini alagelmişlerdir, önceki padişahlardan dahi alagelmişlerdir... Ama Hakk saklasın eğer bu kötü huylar teskin olunmazsa durum zorlaşır, devletin düzeni darmadağın olur."* [74]

Keza Niccolò Machiavelli'nin de Osmanlı sultanlarına tavsiyesi vardır. *"... Halk her açıdan itaatkâr olduğu için prens bu askerlerle iyi geçinmelidir...*

---

74. Erhan Afyoncu, Ahmet Önal, Uğur Demir, **Osmanlı İmparatorluğu'nda Askerî Darbeler ve İsyanlar**, Yeditepe Yayınevi, İstanbul, 2018, s. 12

Prens tamamen askerlerin ellerinde olduğu için, halkı düşünmeksizin onlarla arasını iyi tutmalıdır." [75]

"Koçi Bey risalesinde, merkezî ordunun haddinden fazla güçlenmesini, *'Geçmişteki büyük padişahlar, altıbölük halkını, yeniçeri ocağı ile yeniçeri taifesini, altıbölük halkı ile ve bu iki taifeyi zeamet ve timar askeri ile zaptederlerdi. Şimdi timar erbabı tamamen yok oldu. Askerlik yeniçeri ve sipahilere kalıp her biri birer dev oldu'* şeklinde kendince izah etmeye çalışmıştır".[76]

Anadolu aristokrasisi ve sipahisinin dengeleyici rolü yok olunca padişahın Yeniçeri ile Kapıkulu Sipahisi'ni, birbirini dengeleyen üç ayrı askerî gücü sahip günümüz Suudi hanedanı gibi birbirlerini dengeleyici olarak kullanması düşünülebilirdi. Nitekim bu iki grup zaman zaman ciddi çatışma içine de girebiliyordu. Ancak *1648 Kapıkulu Sipahi İsyanı*'nı bastıran yeniçeri rakipsiz kaldı. Daha önce pek fazla değerlendirilemeyen bu imkân da yok oldu.

Bu noktada, pek etkin olmasa da akla, saray muhafızları geliyor. Peki, darbeler ve isyanlar başlayınca padişahı koruyacak iç kalkan, yani muhafız ordusu var mıydı? Evet, bostancı denilen muhafızlar vardı. Cumhuriyet darbelerinde Cumhurbaşkanlarını korumak yerine cuntacılardan emir alan muhafız alay komutanları gibi, onların ataları bostancılar da sık sık padişaha ihanet ederlerdi.

Yine Cumhuriyet darbeleriyle bir paralellik, cunta darbelerine *Kemalizm rahibi profesörler* kılıf uydurdukları gibi, yeniçeri darbelerine de ulema kılıf uydururdu. Özellikle Şeyhülislâm fetvaları bu konuda sağlam destek idi.

Esnaf İsyanları

Daha önce de söylediğimiz gibi, Osmanlı Devleti'nin yönettiği toplumlara yaklaşımını özetleyecek kelime *"lâkayt"* kelimesidir. Devlet,

---

75. Niccolo Machiavelli, **Hükümdar**, Dergâh Yayınları, İstanbul, 2023 [İlk basım, "De Principatibus" adıyla 1532], S. 83

76. Erhan Afyoncu, Ahmet Önal, Uğur Demir, a.g.e. S. 65

Türk-Moğol step geleneğince, merkez için vergi toplamak dışında, özellikle günümüz modernitesinin dayattığı *"yaşam tarzı"* konusunda son derece liberal idi. Milletler sistemi içinde her dinî grup gündelik işlerinde kendi din liderince güdülürdü. Merkezin tek derdi, ordunun ve İstanbul halkının refahı idi. Bazı yazarlarca iç sömürü denilen vergi sistemi bu düzeni sağlıklı tutmaya yarıyordu. İstanbul nüfusunun kabaca yarısı asker ve sivil Müslüman iken, diğer yarısı da gayrimüslim idi. Yani İmparatorluk vergileri Türkmen için değil, İstanbul mutlu azınlığının refahı için çalışıyordu. Aksi takdirde isyan çıkıyordu.

Yenilik hareketlerine karşı bir sürü başkaldırma, kazan kaldırma olayı olmuştu. Bu olaylarda yeniçeri, esnaf ve ulema iş birliği yapacaktı.[77]

Ve İstanbul isyanları taşradaki Türkmen'in disiplinsiz Celâlî isyanları gibi etkisiz kalmıyor, sultan deviriyordu.

Yükselme devrinde elde edilen savaş ganimetleri durunca devlet haliyle iç vergilendirmeye yüklendi. Savaşlar ve ekonomik krizler nedeniyle paradaki altın veya gümüş oranının düşürülmesi enflasyona yol açtı. Bundan hem yeniçeri ve hem de İstanbul esnafı zarar gördü. O nedenle birçok isyanda bu ikisinin iş birliği görüldü. Tam benzetme olmasa da bu iş birliği, iktisadi kriz dönemlerindeki Cumhuriyet darbelerinde İstanbul sermayesi ve onun elindeki basının askerî darbe destek ve kışkırtıcılığındaki tarihî sürekliliği gösterir.

İsyanların bir sebebi de özellikle XVII. yüzyıldan itibaren savaşlardan dönen, hatta firar eden ve şehirlere yığılan askerin işsiz ve maaşsız kalması idi. İlginçtir, darbeciler öncelikle defterdar ve vezirleri sorumlu tutar, onların kellelerini isterlerdi. Ayrıca inceleyeceğiz, yine ilginçtir, Cumhuriyet bürokratları maaş azlığından isyan etmediler. Zira endüstrinin olmadığı ülkede, bürokratlar maaşı az da olsa açlık sınırındaki taşra halkına göreceli olarak daima daha iyi ve garantili

---

77. Küçükömer, a.g.e. S. 41, "Enver Ziya Karal bu birliği, yeniçeri, ulemâ ve İstanbul halkının meydana getirdiğini söyler". S. 53

durumda idiler *-memura kız verme yarışını hatırlayalım-*.

İsyanların bir özelliği, step yağma-talan kültürünün kendisini iç talan olarak göstermesi idi. Darbelerin bir teşvik edici yanı da her darbede saray dahil, *"devletlülerin"* konaklarının yağmalanması âdetiydi. Sultan II. Abdülhamid'i deviren subayların sarayı yağmalamaları, o dönem subaylarımızın yeniçeriden miras ahlâkının düzeyini de gösterir. Osmanlı'da ne halk, ne de devlet, sermaye birikimine hoş bakardı. Ama günün birinde elden gideceği bilinmesine rağmen, bürokratlar olabildiğince dünya malı toplamaya çalışırlardı.

H. Ertürk, İttihadçılar için, *"Yeni devrin küşadını Yıldız yağmasıyla yaptılar" der. Yıldız Sarayı'nda 33 yılda birikmiş mücevherden halılara, avizelere, perdelere, mutfak takımlarına, mobilyalara, hatta oyma işlemeli kapılara varıncaya kadar her şeyin yağma edildiği yazılır. Bu yağma üzerine Tevfik Fikret meşhur ; "Yiyin efendiler, yiyin, bu han-ı iştiha sizin" mısralı şiirini yazmıştı."* [78]

Celâlî İsyanları

(Bilinen anlamda Şii-Sünnî çatışması ancak XV. yüzyılın sonları, XVI. Yüzyılın başlarında ortaya çıkacaktır.) Kendilerine Horasan erenleri denilen şeyh, baba ve dervişlerle ahîler, Osmanlı devletinin kuruluşuna büyük bir katkı verdiler. Ne var ki Osmanlı devleti İmparatorluğa doğru yol aldıkça, tarikatlar, Ahîlik ve Bektaşîliğin taşkın dinsel heyecanı ile kurulmuş olmasına rağmen giderek Sünnîliğe bir yönelim gösterdi. İstanbul'un fethinden ve özellikle Hilafetin kabulünden sonra heyecanlı, rindane ve hoşgörülü din anlayışından da uzaklaşılarak medresenin egemenliği ve devletin dinsel karakteri giderek arttı, şeyhler, veliler ve tekkeler kontrol altında tutulmaya çalışıldı, Bâtınîlik üzerine baskılar yoğunlaştırıldı, Bizans'taki gibi merkeziyetçi, yarı teokratik bir yapıda karar kılındı.[79]

---

78. "Enver Ziya Karal bu birliği, yeniçeri, ulemâ ve İstanbul halkının meydana getirdiğini söyler". S. 53

79. Ünver Günay, Harun Güngör, **Türklerin Dinî Tarihi**, Rağbet Yayınları, İstanbul, 2003, s.239-439 Küçükömer, a.g.e. S. 41,

Hatırlanırsa Atatürk de Osmanlı gibi diyaneti, şeyhleri, velîleri ve tekkeleri kontrol altına aldı. Din devlet için önemli idi.

Celâlî isyanı denilen Anadolu halk hareketlerinin *"dinci"* kalkışma olarak yaftalanmasındaki saptırma, günümüz halk tepkilerine vurulan "dinci" damgasının tarih sürecindeki öncelidir. Bu kitapta yapmaya çalıştığımız, günümüz olaylarını tarihten gelen süreç içinde olabildiğince steril şekilde değerlendirmek olduğuna göre, dinci laikçi görünümlü kavganın da izini tarihte sürmek yararlı olacaktır.

Sosyopolitik rahatsızlıkların eyleme dönüşmesi için en önemli unsur, uğruna ölünecek bir ideoloji ihtiyacıdır. İdeolojiler çağından önceki sosyal huzursuzluklarda uğruna ölünecek değerler, dinler ve mezhepler idi. XX. yüzyılı ideolojiler, post modern XXI. yüzyılı ideolojilerin ölüm çağı olarak düşünürsek, günümüzde de kalkışma aracı din ve mezhep olacaktır. Avrupa'da yükselen dinci ve milliyetçi tepkileri bu pencereden değerlendirmekte yarar vardır. Kısacası, günümüzün dinci-laikçi kavgası, Anadolu Türk'ü ile devşirme bürokrasinin sınıf savaşı olup aynı Osmanlı öncülü gibi halk gericilik, karşı darbecilik ve yobazlık ithamıyla sindirilmek istenir. Her ülkede Batıcı otokratların hükmetmesini isteyen demokrasi düşmanı Batı da bu ithamı kışkırtır.

Konumuzun başlangıcını Selçuklu'nun Türkmenler'e karşı toprak rejimini değiştirmesine tepki olarak doğan Babaî isyanına (Baba Resul Kıyâmı) götürebiliriz. Devletin adaletsizliğine karşı dinci gibi görünen kalkışmanın ardında yalnızca Alevîler değil, Kürt, Sünnî ve gayrimüslim ahalinin bulunması, kalkışmada dinin bir "araç" olarak kullanıldığına işaret eder.

Türkmen ahaliye yapılan haksızlıklar, Osmanlı döneminde artarak devam etmiş, tepkiler ise Celâlî İsyanları olarak adlandırılmıştır. Nasıl ki modernitede başkaldırı için "uğruna can verilecek" ideolojiler doğmuş ise ideolojilerden önce uğruna ölünecek klasik değer din idi. Yani dünyevi amaçlar, davalar, adaletsizliklere isyanlar, din araç olarak kullanılmakla eyleme geliyordu.

"... Artık itiraf etmeliyiz ki, bu şanlı imparatorluklarımızın tabileri

içinde en mutsuz olanlar, toplumun kahir ekseriyetini oluşturan Anadolu Türkleriydi. Koçi Bey, 've harem-i humayuna hilaf-ı kanun Türk ve Yörük ve çingane ve yehudi ve bi-din ve bi-mezheb nice kallaş ve ayyaş şehir oğlanları girer oldu' ("Risale", s.45) diyerek padişahı uyarabiliyordu. Yönetici zümrenin Türk düşmanlığı ve Türkleri hor görmesinin aldığı boyut, ahalinin önemli bir bölümünün İslâmiyet içindeki mezhep ayrımında soyu öne çıkaran Şia'dan yana tavır almasına yol açtı..." [80]

Türkmenler, Selçuklular'a hep gücenik ve öfkeli idiler.[81]

Cumhuriyet devşirme bürokrasisine karşı Anadolu burjuvası yükselirken çıkan sınıf çatışmasında dinci-laikçi tanımlaması, bu tarihî trendin devamıdır.

Cumhuriyet'in Osmanlı'dan tevarüs ettiği bazı gerçekler var: Müslim-gayrimüslim İstanbul esnafı ile devşirme bürokratlar çıkar birliği içinde idi. Gayrimüslimler İstanbul'u terk edip Türkmen ve Kürt İstanbul'a hücum ettiğinde *"Ah nerede benim Rum, Ermeni, Yahudi komşum"* hayıflanmaları samimi hayıflanmalardır. Bu yakınmalar tarihî bir sınıf dayanışmasının Cumhuriyet'e yansıyan tezahürüdür. Osmanlı devşirmeleri, Anadolu Türkmeni'ni *"Etrâk-ı bî-idrâk"* sözünü kullanarak kabalıkla horlarken İstanbul gayrimüslim burjuvasıyla menfaat birliği içindeydiler. Bu sistemde Anadolu, İstanbul'daki devşirme bürokratları ve gayrimüslim burjuvayı doyurmak zorunda idi. Ekonominin kötüleştiği dönemlerde devşirme ve gayrimüslim Konstantiniyyeli darbelerde iş birliği yaparlardı. Günümüz İstanbul'unun yetmiş yaş üzeri eski bürokratları için bu nostaljiyi anlayabiliriz. İlginç olan, 1950'li yıllarda Anadolu'dan gelip İstanbul'u istila eden, gecekondularda oturan, gayrimüslim işverenin yanında çalışan garibanların bugün *"doğma büyüme İstanbulluyum"* diyen çocuklarının o İstanbul hiyerarşisinden nasıl etkilendikleri, bu etkinin günümüzdeki sosyal psikoloji, yaşam tarzı ve siyasi tercihlere nasıl yansıdığıdır. Bu alan da ilginç bir akademik inceleme konusu olabilir.

---

80. Göka, 2006, a.g.e. S. 183
81. Göka, 2006, a.g.e. S. 253

Keza Müslümanlar için Pera'da Cami inşası karşıtlığı da eski gayrimüslimlerle dayanışmanın moderniteye izdüşümü idi. Taşra Türkü'nün *Turgut Özal* sonrasında İstanbul'a hücumu, eski yerleşikleri tabii olarak rahatsız etti. Son zamanların moda deyimiyle, Türkler İstanbul'u XX. yüzyılın ikinci yarısında fethetti. Fetih mühürlerini de *Ayasofya, Taksim ve Çamlıca* camileriyle perçinlediler. Özellikle *Adnan Menderes* döneminde başlayan arazi yağması, gecekondulaşma, belki de şuuraltında asırlarca sömürülmüş Türkmen'in İstanbul'dan öcünü alması idi?

Tabii bu işlere dışarıdan bakan bir Japon, bir Afrikalı veya Şilili'nin, asırlarca Hristiyan semti olmuş, ama artık hiç gayrimüslimi kalmamış Pera'nın Müslümanlaştırılmasına, onun merkezine cami yapılmasına "Müslüman" Türk'ün şiddetle karşı çıkmasındaki mantıksızlığı, şuuraltını anlaması kolay değildir. Basit hakikat, bu işin bir sınıf çatışmasının tezahürü olmasıdır. Yine de sosyal psikoloji araştırma alanına girecek bir anomalidir

Bu konuyu kapatmadan bir anekdot; tahminen 1964 yılında, tatil için ailece Sağlık Bakanlığı Heybeliada dinlenme tesislerine gittik. Bir gün kavruk Anadolu gençleri iskeleye indik, etraf şen şakrak zengin Rum gençlerle doluydu ve Türkçe konuşan yoktu. Yabancı bir diyarda idik sanki. Uğradığımız şoku anlatmak mümkün değildir. O yılların filmleri hatırlanırsa, 1960'larda Anadolu sürünür, Amerikan süt tozu yardımıyla beslenirken dönemin Tanzimat kalıntısı İstanbul kozmopolit sosyetesinin yaşam tarzı daha iyi idrak edilecektir. *Prof. Dr. Dimitri Kitsikis*'in bahsettiği, Rumlar için Osmanlı günlerine dönme arzusu samimi ve mantık tutarlılığı olan bir nostaljinin ifadesidir.

Suhte İsyanları

Ortaçağ Avrupası'nda nasıl ki aç aileler çocuklarını doyuracak kapı olarak kiliseyi görüyorlar idi ise Büyük Kaçgun *(açlık nedeniyle asayişin yok olduğu, vergilerin ağırlaştığı, halkın köyleri terk edip dağlara kaçtığı)* döneminde taşra çocukları da tekkeleri kurtuluş kapısı olarak görüyorlardı. Ama suhteler[82] günümüz üniversite mezunları gibi, okulu bitirince boş, işsiz, aç kalıyor, örgütlenerek huzursuzluk çıkarıyorlardı. Bu kalkışmalar da sosyo-ekonomik nedenleri göz ardı edilerek "dinci" ayaklanma olarak adlandırılıyordu. Din adına gerçek, etkin ayaklanmalar ise merkezde, okumuş İstanbul ulemâsının başının altından çıkıyordu.

Tanzimat

Şu hususu bir kez daha net olarak vurgulayalım. İmparatorluk çok etnili ve dinli bir imparatorluktu. Devlet karşısında Türkmen dahil, hiçbir grubun önceliği yoktu. Böyle bir devlet çökerken yönetici sınıf ne yapmalıydı?

Başlangıçta birçok gayrimüslimin de samimi olarak istediği modern bir Osmanlıcılık düşünüldü. Ama Fransız ihtilâlinin tetiklediği ulus devlet zehiri artık Balkanlar'da alev almıştı. Yöneticiler İslâm'ı zamk olarak kullanmak istediler, ayrılık rüzgârı Arapları da sardı. Ve devşirme yönetim nihayet Türk olduğunu hatırladı. Türk Ulus Devleti'nde karar kılındı. Türk dili sadeleştirilip halka açılma modası başladı. Yeni devlet tasarımında fikrî denemeler yapıldı. Önce eskiyi ıslah düşünüldü, ama bakıldı ki İmparatorluk ölmesi gereken zamanda ölemediği için aşırı yozlaşmış ve durum ıslah edilemeyecek kadar vahim hale gelmiş, o zaman sıfırlama *(reset)* düşünüldü. Yani geçmiş her şey bırakılıp yeni her şey Batı'dan alınacaktı. İşte bu noktada gerçeklerden uzak, devrin romanlarında karikatürize edilen *"kültür ihtilâli"* başlatıldı. Genç Cumhuriyet'te kültürün üzerine bina edileceği bir altyapı olmadığı için Batılılaşma tepede taklit olarak kaldı, yüzde doksanı köylü olan, İlber Ortaylı'nın söylemiyle hala *"Hititlerden kalma karasaban kullanan"* taşra halkına sirayet etmedi. Yani üstü kaval, altı şeşhâne bir sosyal yapı doğdu; Osmanlı'da olduğu gibi.

---

82. Suhte; Osmanlılar'da medrese talebeleri için kullanılan bir terimdir. Farsça'da "yanmış, tutuşmuş" anlamına gelen sûhte kelimesi, Osmanlı devrinde medrese öğrencileri için onların ilim aşkıyla yanmış tutuşmuş olmalarına izâfeten kullanılmıştır. Bu terim zamanla softa şeklini almıştır. TDV İslâm Ansiklopedisi, Hiperlink: https://bit.ly/3wKJSs0

Tanzimat'ın özelliği; yönetici devşirme bürokrasiye Türk olduğunu hatırlatmış, onu ulus devlet için yine Osmanlı Devleti'ni kuran çekirdek Türkmen'e, periferiye, taşra halkına yöneltmiştir. Ancak bu da hastalıklı bir dönüş olmuştur. Klasik Osmanlı devşirmelerini Türkmen'den ayrıştıran Arap/Fars kültürleri bu kez yerlerini Batı kültürüne bırakmıştır. Halka doğru hareket yine başarısız kalmıştır. Taa ki 15 Temmuz 2016'ya kadar.

Niçin? Küçükömer'e kulak verelim: *"Parlamento dışında da 'çığ gibi büyüyen' muhalefet ortaya çıkmıştı. Aslında, serbesti, bürokratın karşısına hemen halkın muhalefetini getiriyordu."* [83]

---

83. Küçükömer, a.g.e. S. 86

ÜÇÜNCÜ BÖLÜM

Erken Cumhuriyet

Bu bilgilerin ışığında erken Cumhuriyet dönemine gidelim. Osmanlı'nın devşirme sistemi Cumhuriyet'te kusursuz, kesintisiz devam etmiştir. Erken Cumhuriyet döneminde Anadolu'nun zeki çocukları torpilsiz bir sistemle okutulmuş, başarılıları Avrupa'ya gönderilmiştir. Ve bu çocuklar Jön Türk trendi ile Anadolu Türkmeni'nden kopuk *"kültürel Batıcı"* olarak yetiştirilmiş, *"kültürel Batılı"* olmaları hedeflenmiştir.

İdris Küçükömer: *"Batıdakinden farklı olarak bir çeşit "Osmanlı feodalitesi"nden söz edilir. Yalnız söz konusu Osmanlı feodalitesinde önemli unsur timarlı sipahilerdir ya da yöneticilerdir. Kısaca Osmanlı bürokratları. Eğer bunların bir kalıntısı aranacaksa, bu kalıntı ile önemli ortak yanları olanlar, bugünün Cumhuriyet bürokratlarıdır."* [84]

Zafer Toprak'ın eserlerinde çok detaylı sergilediği trend doğrultusunda 1950'lerin köylü Türkiyesi'nde Hava Kuvvetleri Caz Orkestrası birer Amerikan kültür adası olan hava üslerimizin lojman gazinolarında düzenlenen danslı balolarda aylık turnelerle konserler vermiş ve modernitenin öncüsü *"köylü subaylar"* arasında *"Batı yaşam tarzı"*nın yerleşmesinde başarılı da olunmuştur. Olayın öncülü Tanzimat dönemidir.

İdris Küçükömer'e kulak verelim: *"Tanzimat... Bu dönem aynı zamanda balolar dönemidir. İstanbul'da elçiliklerde, saraylarda ve Osmanlılar'ın Avrupa elçiliklerinde verilen bu balolarda bürokratlar batılı dostları ve Levantenler'le 'beraber' eğlenirken, işsizlik artıyor ve yerli üretim güçlerinin yok olması son derece süratle devam ediyordu. Bu baloların benzerlerini, hatta devamını, daha sonra C. H. Fırkası döneminde, yoğaltım mallarının kıtlığının yarattığı koşullar altında,*

---

84. Küçükömer, a.g.e. S. 135

Anadolu kasabalarında halkın nefreti altında verilen cumhuriyet balolarında görmemek mümkün mü!"[85]

Bu noktada dikkat çeken husus, Arap/Fars/Bizans sentezi devşirme bürokrat ile Türkmen arasındaki düalitenin yerini, modernist Cumhuriyet'te Batıcı bürokrat ile köylü Türkmen düalitesi almıştır. Burada da keza *"Türkmen"* terimi ile bir ırk veya etnisite değil, periferi kastedilmektedir.

Küçükömer: *"Bürokratik Jön Türk hareketine dahil olanların Sultan Abdillhamid'e karşı Paris'te 1902 yılında yaptıkları kongre son derece önemlidir. Bu toplantı Osmanlı toplumunda artık iyice beliren ikileşmenin, daha doğrusu batıcı bürokratlar ile onlara karşı olan İslâmcı-Doğucu halk cephesine dayanılarak fırkalaşma eğiliminin çekirdeğini ortaya çıkarmıştır. Ve bugüne kadar gelen üst yapıdaki, temele indirilemeyen kavga ile yaratılan fasit daireyi biçimlendirmiştir. Jön Türk hareketi, toplumun bölünmesinden cemiyetleşme, sonra da fırkalaşma biçiminde yararlanmıştı."* [86]

Gerçi Jön Türkler ve devamı Cumhuriyet bürokratları uluslaşma amacıyla halka açılım gereğinin farkına varmışlar, Türkçeyi sadeleştirerek taşraya *"medeniyet götürmeyi – mission civilisatrice"* düşünmüşlerdi. Ama yine de çabaları nafile idi. Zira onlar Marksist anlamda kendi sınıflarını, yani bin yıllık *"devşirme bürokrasi"* rejimini devirecek bir *"Türkmen darbesi"*ne, gerçek bir demokratik Anadolu ihtilâline şiddetle karşı idiler. Onlar, İdris Küçükömer'in bakışıyla sadece kültürel modernleşme peşinde idiler. Zaten ne altyapı devrim için müsaitti ne de halk henüz o bilinçteydi.

Sınıf Bilinci ve Çatışmanın Filizlenmesi

Grassroots *(kökten yükselen)* Türk modernitesi, XX. yüzyılın ikinci yarısını, iki mütedeyyin Cumhurbaşkanını; Turgut Özal ve Recep Tayyip Erdoğan'ı bekleyecekti. Tarihin garip cilvesi, Türkleri dünya

---

85. Küçükömer, a.g.e. S. 69
86. Küçükömer, a.g.e. S. 79

malına uyandıran, onları materyalist yapan; Batı kültürel ideolojisinin, "yaşam tarzının" kompradorluğunu yapan CHP değil, Cumhuriyet'in en dindar iki Cumhurbaşkanı olacaktı. Sanayileşme ile metropollere akan ve kısa sürede yüzde doksan üç oranında şehirli olan yığınlar bu iki liderin döneminde -*Atatürk'ün Weberci bir yaklaşımla hayalini kurduğu gibi*- bin yıllık âhiret uykusundan uyanmış, dünya malına hırsla, açlıkla saldırmaya başlamıştı. Kültürel kalkınma ve demokrasi bunu takip edecekti.

Burada bir paradoksa dikkat gerek. Halkı fiilen materyalist yapan; önce Özal'ın, sonra da onun döşediği yolda devam eden Ak Parti'nin modernleşme ve altyapı yatırımlarıdır. Ama materyalizm bir Jön Türk ideolojisi -*özellikle Abdülhamid'in tıp öğrencilerinin*- olduğu için, materyalistlerin oyları kendilerini materyalist yapan Ak Parti'ye değil, CHP'ye gitmektedir. Niçin? Zira Jön Türk devamı CHP; LGBTQ dahil, kozmopolit, *"Batılı yaşam tarzını"*ni vaat ediyor. Yani CHP felsefi yol ayrımıyla maddeye ulaşma ötesinde, devşirme geleneğine kuruluş felsefesine uygun olarak kendine yabancılaşmayı, otantik ahlâk, gelenek, din dahil, geçmişi komple silip kültürel değişim öneriyor. Ve kabaca 1/4 oranında nüfus, bin yılın ezilmiş periferi torunları, bu öneriye aşkla sarılıyor.

Geçmişi reddetme, moda tabirle *"reset-sıfırlama"* ülkemizin önündeki en önemli araştırma alanlarından biridir. Cumhuriyet'in başlarında yabancı kanun tercüme etmek, iflas eden kurum ve kavramları değiştirmek, evet, devlet çarkı için tartışılacak konulardı. Ama günümüz gençliği niçin kimliğinden kaçıp kurtulmak ister? Niçin geçmişini unutmak ister? Ötesi, niçin geçmişiyle hesaplaşmayı bile istemiyor? Kimliksizlik öncelikle bunalıma dönüşmeden, devamla kimlik arayışına dönüşmeden yeni kimlik nasıl oluşacak? Kendinden, aslından nefret nedir? Ve siyaset bu kaosun neresinde?

Ak Parti kendi yarattığı altyapı eseri materyalist kültürü dengelemek için Anadolu'nun tarihten gelen değerlerini olabildiğince korumak, onları ani küresel şoklara karşı amortisör-regülatör olarak kullanmak istiyor. İşte bilimsel irdeleme gerektiren bir başka gerçek.

Tarihe dönersek; Osmanlı devşirmelerine karşı Türkmen nefretinin tezahürü olan ve topluca Celâlî isyanları olarak isimlendirilen baş-kaldırılar teknik anlamda, taşranın yöneten sınıfa karşı isyanı olmak-la birlikte, çarpıtılarak din savaşı olarak tanımlanmış, aynı eğilim Cumhuriyet sınıf savaşlarına da yansımıştır. Cumhuriyet döneminde Anadolu Türkmeni'nin bürokrasiye karşı isyanı aynı Celâlî isyanların-da olduğu gibi "dinî" kalkışma olarak çarpıtılmış ve ezilmiştir.

"Batıcı-laik bürokrat, Batılaşma ile devleti kurtarmak isterken, yeter-li derecede üretim güçleri yaratamadığından, tarihi büyük halk cep-hesiyle ters düşmektedir. Böylece iki cephe arasındaki mücadele kı-zışınca, laik batıcılar ile dindar doğucular arasında bir mücadeleye gelip dayanmaktadır. Bürokrat (sivil, subay) lafı güya ilerici sayılacak, emperyalist kıskacı içinde bürokrat oyunlarıyla içine kapanan İslâm-cı-Doğucu kamp ise, gerici (mürteci) sayılacaktı!" [87]

"İkinci Meşrutiyette, İslâmcı çerçeveye sığınmış halk ile laik bürokrat kavgasının devamını gördük. Cumhuriyet döneminde de aynı kavga-yı görüyoruz maalesef. Kavga, batıcı olmaktan dolayı ilerici denilen laikler ile dinciler arasında bir üst yapı kavgası halinde bırakılmıştır. Böylece, temel çelişkilere inmeyecek biçimde şartlanan Türkiye ikiye bölünmüştür. Bundan ise, sadece emperyalizm yararlandı. Bugün de öyle görünmüyor mu? Batıcı-laik bürokrat guruba, subayların büyük-çe bir kısmını da katmak gerekir. Fakat söz konusu subaylar, aydın de-nilen bürokratlar olarak, emperyalizmin ekonomideki etkilerini, hem de bütün sanayiin tasfiyesi ve işsizlik ile sonuçlanan süreci anlamak olanağını bulamadılar. İşte bundan dolayı, adına kendilerinin devrim ya da reform dedikleri hareketlerinde halk ile gerçek organik bir bağ-lantıyı sağlayamadılar." [88]

"...sözde bir 'kültür devrimi' gözükmektedir. Mevcut üretim güçle-ri sahiplerinin ve halkın büyük bölümü, üst kültür devrimi hareketini (anayasasından sanatına kadar) kabul edemeyecek, hatta tepki gös-terecektir. Tepkinin dini görünüşüne aldanmamalı. Onun gerisinde-ki tarihi gerçeği anlamalıyız. Batıcı-laik bürokratın, bu dini görünüşü

---

87. Küçükömer, a.g.e. S. 84
88. Küçükömer, a.g.e. S. 93

kendi iktidarı için istismar etmesini doğru teşhis etmelidir." [89]

Erol Göka'ya kulak verelim. *"Celâlî İsyanları ve isyanları bastırmak için yapılan despotik uygulamalar hep sürdü gitti. Aslında isyanlarının nedeni hiç de gösterildiği gibi mezhepsel değildi. Osmanlı'nın en parlak dönemi olarak kabul edilen Kanûnî devrinin son yıllarında hükûmete sunulan bir raporda sahipsiz Anadolu Türkmenlerinin açlık yüzünden 'ot otladığı' bildiriliyordu."* [90]

28 Şubat cuntacılarının yükselen Anadolu sermayesine karşı küreselci/kozmopolitçi İstanbul sermayesi ile iş tutup, taşra tüccarını yeşil sermaye olarak yaftalaması, onunla ticareti yasaklaması, bu Makyavelist oyunun vahim bir örneğidir.

Türk toplumunu laboratuvar böceği gibi mikroskop altına almış olan yabancı uzmanların maharetle manipüle edip kışkırttıkları *"dinci-laikçi kavgası"* ve *"Atatürk düşmanlığı"* söylemi, bu tarihi sınıf savaşının yanıltıcı görüntüsüdür.

Cumhuriyet sınıf savaşı CHP ile DP arasında başlamış görünür. Bu da yanıltıcı bir görüntüdür. Gerçekte DP, CHP'nin bir dalıdır. İkisi de devşirme kadrolarca kurulmuştur. 1940'larda, 1950'lerde altyapı oluşmamış, siyasi çizgiler henüz keskinleşmemişti. Cumhuriyetin başında yüzde doksana karşı yüzde on köylü oranı günümüzde yüzde yediye karşı yüzde doksan üç olarak tersine dönmüş, metropollere adeta yağmış kitleler tarihî yönetim sınıfı ile çıkar farklarını çok daha net çizgilerle fark etmeye başlamıştır.

1930 yılında Atatürk'ün Fethi Okyar'a kurdurduğu *Serbest Fırka*, devşirme bürokratlara potansiyel taşra tehdidini ciddi olarak hissettiren bir deneme olmuştur. 1950 seçimleri ise devşirme bürokrasiye son ikaz olmuştur. ABD'nin günümüzde İslâm ülkelerindeki demokratikleşmeyi engellemek için küresel çapta kullandığı gerici *"siyasal İslâm"* söylemi daha önce Anadolu Türkmeni'nin uyanışına karşı Türkiye'de kullanılmış, askerî darbelerin sözüm ona *"Atatürkçü"* temelini oluşturmuştu.

---

89. Küçükömer, a.g.e. S. 95
90. Göka, 2006, a.g.e S. 242

Anadolu Türkmeni'nin Batıcı kozmopolitci devşirme yönetime karşı çağdaş uyanışı, Taner Timur vb. akademisyenlerce *"kültür devrimine"* karşı *"dinci-gerici"* karşı devrim olarak tanımlandı. İdris Küçükömer tam tersi fikirdeydi: *"Bürokrat, tarihi Osmanlı geleneği içinde, batı kurumlarını, batı kültürünü, batı yaşantısını, halka zorla kabul ettirmeye çalışıyordu. Hem de kitlelere bir şeyler vermeden. Bunlara devrim deniliyordu."* [91]

Gerçekte Atatürk'ün hayal ettiği materyalizme uyanan Anadolu Türkmeni'ni engellemeye çalışan, Batı güdümlü cuntacıların tepkisi karşı, gerici bir tepki idi. Emperyalist Batılı devletler dünyanın her yerinde kendi okullarında Batılı zihniyetle yetiştirdikleri yöneticilerle çalışırken, *"Benim yaşam tarzım, benim değerlerim dışındakiler bana tehdittir."* derken, Anadolu halkının *"Batı'nın adamları"*nı devirmesine izin veremezlerdi. Başta ABD, Batı bu nedenle Müslüman ülkelerdeki demokratikleşme çabalarını İslâm kültüründen yöneticiler iktidara gelecek diye engelledi, İslâm ülkelerinde demokrasinin gelişmesine, doğal seyrinde evrilmesine izin vermedi, süreci yozlaştırdı.

XX. Yüzyıl devşirme yönetimi NATO'ya girdikten sonra Tanzimatçılar'ın romantik ve Batı kültürü özentisi karakterinden çok farklı bir konuma kaydı. Metropollere akan kitlelerin uyanması sonucu ülke, bu kez gerçek bir sınıf savaşı ile karşı karşıya idi. Biraz önce değindiğimiz gibi Osmanlı'da Avrupa'nın feodal aristokrat/serf, sanayileşmenin kapitalist/işçi sınıfları yoktu. Ama yine de Marksist anlamda gerilim içinde iki sınıf vardı: Eflatun'un teşhisini neredeyse iki bin beş yüz yıl önce yaptığı çatışma içerisindeki yöneten/yönetilen sınıfları.

Taşradan *"din ve gelenekleri"* ile metropollere akan ve artık asimile edilme imkânı da kalmayan periferinin, iktidarı Batı kompradoru yönetimden teslim almasına izin verilemezdi. Süreç içinde sunî bir siyasi ayrışma yaratıldı, 1970'li yıllarda halk, sağcı-solcu gruplara bölünerek birbirini kırdı, arada bürokratik iktidar ve onun Batılı destekçileri zaman kazandı.

---

91. Göka, 2006, a.g.e S. 242

Yüzde doksanı köylü olan halk, bin yılın öğrenilmiş çaresizliği içinde devşirmelere başkaldıramıyordu. Bu nedenle seçtiği Menderes'in idamını engellemeyi aklına bile getiremedi, eli böğründe kaldı. Bir başka bakışla, Menderes'in idamı, Osmanlı geleneğine göre devşirmeler arasında bir hesaplaşma idi, halkı ilgilendirmezdi. Halk vakta ki, yüzde doksan üç şehirli oldu, materyalist uyanışa girdi, o zaman çaresizliği üzerinden atmaya başladı.

Türk'ün Kansız İhtilâli

Avrupa'nın 1789 (Fransız), 1830 (Temmuz), 1848 (Şubat), 1917, Çin'in 1949 Komünist ihtilâli tecrübeleri, Türkiye'de yöneten-yönetilen sınıf çatışmasının tarihi trend içinde kanlı bir hesaplaşma ve sonrası demokratik dönüşüm için olgunlaşmaya gittiğini gösteriyordu. Ancak Necmettin Erbakan'ın sağduyusu ihtilâlin kansız olması için gerekli zemini hazırladı.

Ve Ak Parti ile kansız, demokratik *Anadolu İhtilâli* gerçekleşti. Ordu ait olduğu yere, kışlasına sokuldu. Yargı, aslına dönmeye, içinden çıktığı Anadolu değerleriyle barışmaya, Osmanlı taşra kadılarının yozlaşmış devşirme bürokrasiye karşı yerel halktan yana olmaları gibi ona uygun davranmaya başladı. Süreçte ilk halklaşan polis oldu ve Anadolu Türkü onu bağrına bastı. Üniversitelerin Anadolu'ya yayılmasıyla Enderun zihniyetli birkaç erken Cumhuriyet üniversitesini takiben, Batı kalesi birkaç elit üniversite dışında gerçek Anadolulu akademisyenler filizlenmeye başladı. Modern Enderunlular devleti terk etmeye, ait oldukları kültür ortamında, küresel kozmopolit sermaye ailesinde yer almaya başladılar. Aslına yabancılaştırılanların çoğu ülkeyi terk etmeye başladı.

Kısaca devşirme bürokrasi kansız bir devrimle yerini Anadolu Türkü'ne bıraktı.

Türk Demokrasisinin Kurucu Babası

Bu noktada siyasi mülahazaların çok fevkinde, steril bakışla, çekinmeden ifade edebiliriz. İngiltere Başbakanı David Lloyd George'un Atatürk için *"Yüzyıllar nadir olarak dâhi yetiştirir. Şu talihsizliğimize bakın ki XX. yüzyılın dâhisi Türklere nasip oldu ve kader onu bizim karşımıza çıkardı."* sözü nasıl tarihe mâl olmuş ise benzer bir söz de gelecek tarihçilerce Recep Tayyip Erdoğan için sarf edilecektir.[92] Erdoğan, Selçuklu'dan beri süregelen bin yıllık devşirme düzenini yıkan, hânedan ve devşirmelerce el koyulan iktidarını Türkmen'e geri veren, Kürt kimliğini tanıyan, Alevîlerin haklarını ve Atatürk'ün *"Bir takım şeyhlerin, dedelerin... arkasından sürüklenen"* sözüne rağmen *"Alevî dedelerini"* tanıyan, gayrimüslim vakıflarının haklarını iade eden ihtilâlci olarak şimdiden tarihe adını yazdırmıştır. Erdoğan 15 Temmuz İhtilâli ile tarihe *"Türk Demokrasisinin kurucu babası"* olarak geçmiştir. 15 Temmuz en az Fransız İhtilâli kadar önemli milenyal bir ihtilâldir. Büyük Millî Bayramdır.

Gerici Karşı Devrim

Türk'ün millî bayramı, Müslüman ülkeleri Batıcı generallerle, otokratlarla yönetme alışkanlığındaki Batı İçin kara gün olmuştur. Batı ve onun Batıcı temsilcileri milenyal halk devrimine karşı son bir "GERİCİ KARŞI DEVRİM" denemesini 15 Temmuz 2016'da yaptılar. Bu kez çatışma hem gerçek hem de kanlı idi. Şehirleşen halk artık öğrenilmiş çaresizliği geride bırakmıştı. Verdiği meşaj açıktı. Bundan sonra darbe yapacak devşirme cuntacı çok kanlı bir halk tepkisini göze almak zorunda idi. Erdoğan'ın yarattığı karizma, bir cunta kalkışması halinde canını onun için verecek cesur milyonlar yaratmıştı.

İlginçtir, biraz sonra konumunu tartışacağımız devşirme bürokrasi temsilcisi CHP, 15 Temmuz gazilerinin, cuntacılara karşı çıktıkları için

---

92. *"Toplumun (...) seçkinleri tarafından küçümsendiklerinin, horlandıklarının, dar gelirli veya dünyalığını temin etmiş, hiç fark etmez, artık ayakkabısının arkasına basmasa da ayağına beyaz çorap çektiği için adam yerine konulmadığının fena hâlde farkında olan bir seçmen kitlesi. Farkındalığını hoşnutsuzluğu ile ifade eden ve Türkiye'nin yeni toplumsal yapısının dinamiğini belirleyen bir seçmen kitlesi... Adalet ve Kalkınma Partisi'nin Genel Başkanı bu seçmen kitlesinin umutlarını kamçılaması, özlemlerine tercüman olması bakımından, tabir caiz ise, biçilmiş kaftandır."* Nur Vergin, **Siyaset İle Sosyolojinin Buluştuğu Nokta**, Türkiye Günlüğü, Bahar – 2004, sayı 76

yargılanmalarını istiyordu. Yani Anadolu Türkü'nün, periferinin; Tanzimat, İttihat Terakki devamı CHP'nin temsil ettiği asker/bürokrat devşirme sınıfın darbelerine karşı çıkmaması gerektiğini ihtar ediyordu. CHP bir süre sonra 15 Temmuz Demokrasi Bayramları'nı da kutlamamaya başladı. Zira 15 Temmuz CHP'nin temsil ettiği tarihî, arkaik sınıfı devirmiş gerçek bir halk ihtilâli idi.

Kısacası, 15 Temmuz 2016 tarihi Türk demokrasisinin, halk iktidarının doğum günü olarak anılabilir. Bin yıllık oligarşik, halka yabancı, devşirme sınıfının çökertilmesi olarak değerlendirilebilir. Tekrar edelim, 15 Temmuz 2016 günü Türk Demokrasisi'nin doğum günüdür. Bundan sonra her darbeci, darbenin kanlı olacağını, halkın seçtiği liderine sahip çıkacağını bilerek başlayacaktır işe.

Lâle Devri'yle başlatılıp Tanzimat ve erken Cumhuriyet ile devam eden ve adına "DEVRİM" denilen Batı taklitçiliğinin, aslına yabancılaşmanın, gerçekte devrim olmadığı açıktı. Taşrada hiçbir yansıma bulmayan kültürel Batıcıların Anadolu halkına *(Alevîlerimiz dahil)* atfettiği dinci gericilik, yobazlık, karşı devrimcilik söyleminin boş bir retorik olduğu ortaya çıktı. Sınıf savaşı anlamında devrim, Anadolu Türkmeni'nin bin yıllık devşirme yönetimi devirmesidir. Gerici karşı devrim ise Emperyalist destekli Batıcı cuntacıların iktidarı, Anadolu Türkmeni'nden geri alma çabasıdır.

Bu anlamda keza günlük siyasetin çok fevkinde bir kayıt, Tayyip Erdoğan Türkmen iktidarının, demokrasisinin **Kurucu Babası** olarak tarihte yerini almıştır. Bir anlamda Atatürk'ün hayalini gerçekleştirmiştir.

Türkmen Göreve

Başlangıçta Selçuklu ve Osmanlı'yı kuran çekirdek Türkmen demiştik. Sonra Türkmen'in yönetimden dışlandığını söylemiştik. Hakkını verelim, Cumhuriyeti kuran Osmanlı devşirme bürokratlarıdır, okumuşlarıdır. Öğretim görevliliği yapmakla onur duyduğum Mülkiye'nin marşı *"Ey vatan gözyaşların dinsin, yetiştik çünkü biz"*. 1918 imzalıdır. Çanakkale Savunması *"Onbeşli Liseliler"*, Sakarya Meydan

Muharebesi *"Subay Savaşı"* olarak anılır.

Zafer ile gelen umut, kendine güven, Atatürk'ün erken ölümü ile devşirme karamsarlığına geri döndü. Bunda II. Dünya Harbi'nin de etkisi vardı. Osmanlı temkini, re-aktif, savunmacı reflexleri Cumhuriyet bürokrasisinde devam etti. Ta ki Anadolu burjuvası palazlanıp devleti devşirme bürokrasiden devralana kadar. Osmanlı ve Selçuklu'yu kuran, sonra dışlanan çekirdek Türkmen, iktidarını bir daha devşirmelere devretmemek üzere 15 Temmuz İhtilâli'yle geri geldi.

Türkmen iktidarı devralmasaydı ne olurdu?

Atatürk'ün kurduğu genç, diri, yükselme çağındaki Cumhuriyet'te çöküş, dağılma çağı psikozundaki Osmanlı kalıntısı devşirme bürokrasinin başarısı imkânsızdı. Mefkûresiz ve şaşkındı. Batı'ya karşı hala defansif ve edilgen idi. Batı'ya karşı çıkıldığı an bizi mahvedecekleri korkusu hâkimdi. Bazı siyasilerimizin demeçlerinden bu aşağılık kompleksinin günümüzde hala canlı olduğu anlaşılmaktadır. [93] Anadolu Türkmeni ise asırların dışlanmışlığından uyanmış, yepyeni, dinamik bir ruhla devleti yönetmeye hazır bekliyordu. Atatürk bu ruhu ateşledi. Vefatıyla transfer gecikti. Ve Türkmen, devletini altı asır sonra tekrar eline aldı. Almasaydı, Osmanlı çöküş psikozu devam eder, yükselemeyen devlet *(implode)* içe çöker ve parçalanırdı.

Tekrarda faide var; Anadolu zaferinin altında pek farkedilmeyen bir büyük oyun var. Atatürk hanedanı göndermekle Devşirme'nin başını yoketti, bürokrasiyi kafası kesik horoza döndürdü. Devşirme bürokrasi Padişah'ın gitmesinin kendi akıbetini etkileyeceğini, bir süre sonra başsız kalan bu sınıfın iktidarını koruyamayacağını, kendisinin de yokolmasına yolaçacağını hiç anlayamadı. Önce de söylediğimiz gibi, devşirme ile padişah yönetim ikizleriydi, biri olmadan öbürü yaşayamazdı. Atatürk ve İnönü iniş dönemi acısının hissedilmesini önledi.

Evet, sınıf savaşı kazanıldı. Şimdi sıra "Büyük Cihad"da. Türkmen'in büyük cihadı nedir? Anadolu değerlerinden kendi modernitesini

---

93. Ali Babacan *"İspanyol gazetesine buradaki şeyleri hepsini anlattım. 'Zor değil mi?' dediler. 'Zor ama yapacağız' dedim. Avrupa'dan da bakacaklar ve hayranlıkla diyecekler ki 'Aferin Türkiye'ye. Şuna bak' diyecekler."* Yeni Şafak Gazetesi, 2 Şubat 2023

üretmektir. Dünyaya hükmeden, bütün medeniyet ve kültürleri yoketmeye çalışan Batı Medeniyetini laboratuara alıp incelemektir. İyi ve kötü yanlarını tasnif etmektir. Kendi milenyal medeniyetinden yola çıkarak 21. Yüzyıl evrensel medeniyeti için diğer medeniyetlerle birlikte yepyeni bir Türk sentezi, "Türk Modernitesi" yaratmaktır. Bunu çökmüş, mefkûresi kalmamış, köksüz devşirme asla başaramazdı. Yükselen Anadolu'ya düştü bu cihad.

Cihad dedik. Çok zor ve ağır bir görev. Başarılı olursa; inişe geçen Avrupa ulus devlet kavramına ve kapitalist felsefesine rakip olacak barışçıl bir dünya görüşünden bahsediyoruz. Aslında Batı medeniyetinin öne çıkışının nedenlerini, sorunlarını, hatalarını bizden çok Jared Diamond, Ian Morris, Niall Ferguson, Felipe Fernandez Armesto, Samuel Huntington, Francis Fukuyama, Oswald Spengler, Roger Graudy vb. Batılılar sorguluyorlar. Biz de geri kalma ve diğerlerini nasıl geçebiliriz soruları üzerine yıkıcı olmadan onlardan çok daha üstün değerlendirmeler ve sentez denemeleri yapabilmeliyiz.

Burjuvalaşma

"Anadolu'yu yurtlaştırdığımız zamanlardan beri yerleşmeye, kentlileşmeye, İslâmlaşmaya, son olarak da modernleşmeye çabalıyoruz. Ama Türkiye'deki Cumhuriyet sonrası nüfus ve yerleşim hareketlerine bir bakmamız bile, göçebeliğin yerleşikliğe ve kentliliğe dönüşmesi açısından sürecin henüz tamamlanmadığını, kentli-modern bir toplum olabilmemiz için toplumumuzun önünde daha uzun yıllar bulunduğunu görmemize yetecektir." [94]

Son istatistikler yüzde 93 şehirli olduğumuzu gösterdiğine, köyde kalanların da şehirdekilerle aynı Televizyon ve internet bombardımanına maruz kalmakla, artık köylülüğü yitirdiklerine göre, yepyeni bir sosyal yapı ile karşı karşıyayız.

Klasik yaklaşımla köy durağandır, binlerce yılın sağduyu ve imbiklenmiş kültürünün garantilediği huzur, tahmin edilebilirlik ve istikrar merkezidir. Özellikle kozmopolit metropollerin ani değişimlerine

---

94. Göka, 2012, a.g.e. S. 40

karşı süspansiyon, sert değişimleri yumuşatma unsurudur.

Geçiş dönemini sorgularken Erol Güngör'ün örf ve adetlerin toplumdaki önemi hakkındaki görüşlerini kaydetmekte de yarar var.

"Bazılarında çok yavaş, bazılarında çok süratli de olsa örf ve adetler her toplumda değişir. Aslında onların kolay ve çabuk değişmeleri toplum için hiç iyi olmaz. Her şeyden önce, kolay ve çabuk değişen davranış tarzları zaten adet veya örf sayılamaz. Toplumun ayakta kalması ve devam edebilmesi insanlar arasında ortak davranış tarzlarının bulunmasına ve bunların devamlılık kazanmasına bağlıdır. Örf ve adetler bu ihtiyacı karşıladıkları için toplumun temelini teşkil ederler. Onlar olmasaydı karşılaştığımız her durumda nasıl davranacağımızı yeni baştan düşünmek zorunda kalacak, başkalarının nasıl davranacaklarını da hiçbir zaman tahmin edemeyecektik. İnsanlar arasında böyle ortak ve devamlı davranış tarzlarının bulunmayışı ise onların cemiyet halinde yaşamalarına imkân vermeyecek..." [95]

Soru net: Köy ve köylü kalmamışsa ülkedeki ani şokları yumuşatacak *"amortisör"* nedir? Köyün binlerce yıl içinden süzüp getirdiği sağduyu birkaç nesilde yok oluverince toplumsal fırtınaları dindirecek *"regülatör"* nedir? Köyün en etkin iki karakteristiği din ve gelenektir. Şehirde ikisi de hızla yıpranır, birkaç nesilde etkisini yitirir.

Köyde düzen kuran, zamk görevi yapan bu iki değer yerine şehirde ne konulacaktır? Köy mana, şehir maddedir. Batı orta sınıfının emperyal artık gelir sayesinde ulaştığı materyalist yaşam tarzı ve materyalist ahlâk henüz yoklukla sınanmamış değerlerdir. Teknolojik ve emperyalist üstünlüğe dayalı zenginliğin Batı dünyasında şimdilik kaydıyla başarılı gösterdiği değerlerdir. Felsefi moda olan din dışı materyalist ahlâkın, *Kant'cı* yaklaşımın zengin iken bir anda açlık sınırına düşecek Batılı toplumlarda vereceği sınav henüz belli değildir.

Bu süreç içinde gelecek Türk nesillerini, müstakbel burjuvayı parçalanmaktan koruyacak, onları huzur içinde, bir arada tutacak modern zamk unsurları, ortak değerler ve çıkar unsurları neler olmalıdır? Din? Gelenek? Kant ahlâkı? Etnisite? Vatan ne demektir?

---

95. Göka, 2012, a.g.e. S. 40

Bayrak dediğinizde ne anlaşılmalıdır? Gençlerinizi hangi ortak değerler veya çıkarlar için ölüme, şehadete koşturabileceksiniz? Devşirme geleneğiyle, genci aslına yabancılaştıran eğitim sistemimiz bu saydığımız sorunlara nasıl yanıtlar üretecek?

Din yüzyıllardır psikolojik ve sosyopolitik tartışma konusu. Ama dinlerin göz ardı edilen en önemli fonksiyonu *"kimlik"* özü olmaları. Ateist de olsa, bir Türk yöneticisi şunu düşünmelidir: *Türk'ü İslâm'dan çıkarırsam sonuçları neler olur?* Akademik senaryolar çalışılabilir. Ateist bir Türkiye? Hristiyan bir Türkiye? Şamanist bir Türkiye? Bu soru her millet için sorulabilir. Meselâ Atatürk'ün *Kurtuluş Savaşı'*nı *"Allah Allah"* diye şehadete koşan müminlerle kazandığı bir gerçektir. Kore savaşı keza. *Savaşı din dışı hangi motiflerle kazanırdık acaba?* Devlet adamı, ateist bile olsa, yönettiği toplumu bir arada tutan ortak değerleri canlı tutmak zorundadır. Çocuksu tepkilerle toplum değerlerine saldırmamalıdır. Toplum değerlerini bir gecede yok edemezsiniz. O değerlerin yerine koyacağınız yenilerini de değil bir gece, bir asırda zor oluşturursunuz. Hele yenisi oluşmadan mevcut değerlere saldırırsanız toplumu paramparça edersiniz.

Ve fakir yığınlarımız.

İsyan etmemeleri, fakir kalmaktan memnun yaşamaları nasıl sağlanacaktır? *28 Şubat* cuntacılarından *Çevik Bir*, kendisine yöneltilen bir soru üzerine sosyologlara danışırlarsa keskin iradelerinin yumuşayacağını söylemişti. O dönemlerde Başörtüsü ve İmam-Hatip okulları, Anadolu Türkü'nün bin yıllık sağduyu ile bulduğu pratik geçiş enstrümanlarıydı. Amerikalı gazeteci *Robert Kaplan, Ends of the Earth* kitabında dünyadaki gecekondu semtlerini gezdiğini, hepsinin fuhuş, uyuşturucu, cinayet bataklığı olduğunu, Türkiye'dekilerin ise dinginlik ve huzur yuvaları olduğunu, ayakkabı ile girilmeyen tertemiz, sakin evler olduğunu *"mütedeyyin, güvenli, asil, temiz, suçun olmadığı, temiz kokan evler"* kelimeleriyle anlatıyordu. O gecekondularda oturanlar çok ciddi bir bilgelikle metropolün kültürel şokundan, ani uçuruma düşen din ve geleneğin kaybından çocuklarını korumak, geçiş döneminin şokunu yumuşatmak için hızla İmam-Hatip okulları açıp çocuklarını o okullara gönderdiklerini, bir diğer tedbir olarak da çarşaftan modern tesettüre geçişte başörtüsünü iffet sembolü olarak, pratik bir mesaj şeklinde korumaya çalıştıklarını görüyoruz.

Aslında küresel köyde moderniteden kaçış imkânsızdır. Bunun ilginç örneğini objektif bir gözlemle 2000 yılında Kuala Lumpur seyahatimde görmüştüm. Kaldığım otelin camından baktığımda dar blucinli, içindeki sutyeni gösteren şeffaf kısa kollu bluzlu, ama başı tesettürlü genç kızlar görmüş ve kendi kendime *"Türkiye'nin on yıl sonraki hali"* demiş, *"Burjuva İslâm'ı"* diye de eklemiştim. Daha sonra bir televizyon programında mütedeyyin hanımlarımız arasında makyaj yapanların arttığı gözlemimi aktardığımda, rahmetli Erbakan döneminden kalma bir siyasetçimiz *"İslâm'ın şehirlisi taşralısı olmaz. Tek İslâm vardır."* sözleriyle tepkisini göstermişti. Evet, İslâm tekti. Weberyan soru ise *"şehirleşenin"* İslâm'ı *nasıl yaşadığı* idi. *Modernitenin ve materyalist tüketimin mütedeyyin burjuvamızı nasıl hızla pençesine aldığıydı.*

Modern Siyaset

Şimdi de fakir yığınlarımızdan ezici bir bölümün niçin Demokrat Parti geleneğiyle Ak Parti'ye oy verdiğinin, küçük bir bölümünün ise niçin CHP'ye oy verdiğinin tahlilini yapalım.

Osmanlı devrinde ne Balkanlı ne de Arap, Türkmen ve Alevî'nin çektiği sıkıntıyı çekti. Celâlî ve suhte isyanları, dinci fanatik başkaldırı iddialarının aksine siyasi yozlaşma ve ekonomik düzenin bozulmasına karşı sosyal başkaldırılardı. Biraz tarih bilenler, günümüz Anadolu halkının asker-sivil bürokrasiye karşı demokratik başkaldırısının da aynen tarihte olduğu gibi sosyoekonomik kökenli merkez periferi çatışması olduğunu teslim edeceklerdir. Keza bu çatışma da aynen tarihteki çarpıtma gibi dinci kalkışma olarak nitelendirilmektedir. Bu kez iddia, Halife'ye değil, *"Laik Cumhuriyet'e"*, daha da ötesi, Atatürk'e karşı gerici başkaldırı iddiasıdır. Atatürk'ü kalkan olarak kullananlar, onun hayallerini biraz idrak edebilselerdi, yerinin devşirme bürokratlar, yani merkez değil, periferide, yani Anadolu Türkü'nün yanında olduğunu anlarlardı. Unutmamalı ki, devşirme İttihatçılar, ara verilen iktidarlarına, Atatürk gözünü yumduğu anda geri dönmüşlerdir.

Bu kapsamda devşirme yönetime karşı Celâlî ve Suhte isyanlarına kısaca bakmakta yarar vardır.

Feodal Avrupa, Ortaçağ'ını ve iç çatışmalarını yaşarken Osmanlı genişleme döneminde idi. Asya'dan akın akın gelen Türkmenler Balkanlar'a transfer ediliyorlardı, ordular fetihlerle meşguldü ve yükselme çağında ekonomi iyi durumda idi.

Ancak bütçe daha *Kanûnî Sultan Süleyman* döneminde sinyaller vermeye başlamıştı. Fetihlerin ve fethe dayalı ek gelirlerin durması neticesinde Kanûnî'nin ölümünden sonraki otuz yıl içinde sosyal huzursuzluklar başladı. Yeniçeri maaşlarında aksamalar, onun sonucunda orduda yozlaşma, darbeler ve neticede Anadolu halkına zulüm ve aşırı vergileme başladı.

Makyavel'in tavsiyesi doğrultusunda, *"Zor dönemlerde taşra mı yoksa ordu mu memnun edilmeli?"* sorusunun otomatik yanıtı *"Tabii ki ordu"* idi. Zira Fatih'in devşirme sistemi ile padişahlar artık ordunun insafına kalmışlardı. Keza İstanbul ekonomisi de taşraya göre kat be kat öncelikli idi. Anadolu vergiler altında inlerken devşirme yeniçeri ve bürokrasi ile İstanbul tüccarı vergiden muaf idi. Dahası, yükselme çağında Türkmen sipahilere tahsis edilen timarlar artık İstanbul bürokrat ve yeniçerilerine verilmeye, düzen bozulmaya, hoşnutsuzluk sonucu Anadolu isyanları artmaya başladı.

İmparatorluk, Balkan devleti olarak yükseldiği için öncelik İstanbul ve Balkanlar'da idi. Daha da önemlisi, Anadolu Türkmeni ve Türkmen aristokrat aileleri, devşirme köle yöneticilere hiç ısınamadı. Sevgisizlik karşılıklı idi. Bu nedenle XVI ve XVII. yüzyıl Balkan huzursuzlukları Anadolu isyanları kadar şiddetli olmadılar. İmparatorluğun Arap coğrafyaları da Anadolu Türkmeni kadar hoşnutsuz değildi, oralarda da isyanlar Anadolu Türkmeni'nin tepkisi kadar sert değildi.

Fetihlerin durması, ekonomik bozulma ve yozlaşma sonucu Anadolu düzeni bozuldu, halk iç göçe başladı, bir kısmı dağlara kaçıp eşkıyaya katıldı, bir bölümü de büyük şehirlerde ciddi yığılmalara yol açtı. Periferideki komutanlar başlangıçta kendilerini güvenceye almak için, sonra da soygun için işsiz gençlerden eşkıya grupları, çeteler kurmaya başladılar. Celâlî İsyanı adı verilen düzensizlik başladı.

Aç kalan halk, çocukları doysun diye onları tekkelere gönderdi, işsiz kalan din öğrencileri de örgütlenip Suhte İsyanları çıkartmaya başladılar.

Neticede Anadolu'da düzen kalmadı, *"Büyük Kaçgun"* döneminde tarım durdu, vergiler düştü, devletin ekonomik krize girmesi devşirme yöneticileri daha da yozlaşmaya götürdü. III. Murad'ın yeniçeri ocağına Türkleri alması ile birlikte gayrimüslim köle sistemi çöktü, II. Mahmud devrinde yani *Vak'a-i Hayriyye* döneminde şişirilmiş yeniçeri sayıları üç yüz bini buldu.

Vaktiyle sağlıklı işleyen timar sistemi bozuldu, Anadolu Sipahi Sistemi zayıfladı, Halil İnalcık'ın sözleri ile *Osmanlı feodalizmi yenerek yükseldi, feodalizme mağlup olarak çöktü.*

Burada XVIII. yüzyıl âyan güçlenmesi ve buna bağlı olarak aristokrat ve/veya burjuva sınıf oluşumu da düşünülebilirdi. Ancak Avrupa modernitesi ve merkezî devlet güçlenmesi neo-feodalizmin gelişimi için uygun bir ortam sağlamadı. Fetih ekonomisinden modern ekonomiye dönüşemeyen sistem de burjuva sınıfının doğması için gerekli ortamı sağlayamadı. Kısacası, devşirme sınıfı 21. yüzyıla, yani AK Parti dönemine kadar rakipsiz kaldı.

Sistemin istisnası genellikle dağlık olan Kürt bölgesi idi. Osmanlı'nın bilinçli olarak kendi haline, beylerinin feodal yönetimine bıraktığı bölge Cumhuriyet ve modernite sonucu bir kaos ortamına girdi ve düzenin bozulmasıyla yabancı manipülasyonlarına açık hale geldi.

Özetlersek, AK Parti bin yıllık periferiyi merkeze taşıdı, halka yabancılaşmış müesseseyi, yani devşirme asker-bürokrat yönetimini demokratik devrimle iktidardan indirdi. AK Parti yirmi yılda kendi bürokrasisini oluşturdu, CHP için temsil ettiği iki sınıftan devşirme bürokrat sınıf tükendi, elinde bir tek eşraf kökenli devlet beslemesi

İstanbul sermayesi kaldı. Ve CHP misyon krizine girdi.

"Türkiye'de denge ve huzur için yerli ve yabancı sermaye bürokrat politik koalisyonu gereğini, ortanın solunda son bürokrat İsmet Paşa iyi teşhis etmiştir. Bizim gibi ülkelerde tarihî devlet yapısında, bu bürokratlar demek hala önemli sanılmaktadır!" [96]

Devşirme temsilcisi CHP'nin Türkmen periferi ile tarihî kan uyuşmazlığı vardır. Bu kan uyuşmazlığına, Osmanlı devşirme yönetimi karşıtı Kürt ve Alevî tarihi de dahildir. İlginç olan, Osmanlı tarihinde çok önemli ağırlığı olan Devşirme-Alevî çatışmasının, Cumhuriyet'te devam eden devşirme temsilcisi CHP-Alevî aşkına nasıl evrildiği sorusudur. Bazı taşra Türkmeni, Kürt ve Alevîlerin, tam aksi yöndeki tarihî verilere karşın CHP'ye oy vermeleridir.

Bu noktada sanırım bin yıllık devşirme bürokrasi temsilciliği misyonunu kaybeden CHP'nin yepyeni bir ambalajla, susamışçasına dünya malına uyanan, materyalizme açılan lumpen kitlelere *"Batılı laik yaşam tarzı"* sunan mesajı etkin olmaktadır. Bu mesajın Batı dünyası ve onun kompradoru büyük sermaye tarafından tüm imkânlar seferber edilerek desteklenmesi tabiidir.

Türk siyasetinin geleceği için bir projeksiyon yapalım. Ak Parti Avrupa'nın Hristiyan Demokratları gibi evrildi. Ama sol boş. Gerçekte o boşluğu da sosyal politikalarıyla dolduruyor Ak Parti.

Yine de uzun vadede, belki Erdoğan sonrası, CHP'den Demokrat Parti doğması gibi, Ak Parti'den de Müslüman sol parti doğabilir. "Halk"ın değerlerinden kök almayan köksüz olur, yaşayamaz. O nedenle Türk solu da halkın değerleriyle barışık olmak zorunda. Uzun vadede yükselen Anadolu sermayesi ile İstanbul sermayesi rasyonel bir noktada uzlaşıp menfaat birliğine girer, onlara karşı da 1968 kalıntısı sol zihniyet ile Ak Parti iktidarı sırasında geride kalmış müteddeyyin ve gariban da Müslüman sol partiye katılabilirler. Bu iki ana parti karşısında HDP veya devamı bir parti Türkiye gerçeği olarak var olmaya devam edecektir, karşı konulmaz bu sosyopolitik gerçekle yaşamak zorundayız.

---

96. Küçükömer, a.g.e. S. 160

CHP'ye gelince… Her ne kadar temsil ettiği tarihî devşirme yok olmuşsa da bin yıllık nostaljinin hatırası ve devlet genleri ile bu partinin yüzde on oranıyla devam etmesi mümkündür ve yarar vardır.

Türk Demokrasi Devriminin Katalizörü ABD

Yukarıda değindiğimiz gibi ABD hedefe koyduğu ülkeleri laboratuvar böceği gibi her yönüyle analiz ediyor, nasıl manipüle edeceğini planlıyor. ABD dünyanın en iyi üniversitelerine, dünyanın en iyi uzmanlarına ve en iyi istihbarat analistlerine sahiptir. Ama karar veren siyasetçidir. Ve insan daima hata yapabilir. Türkiye için hazırlanan *"Grand Plan"*da ABD'nin en büyük stratejik hatalarından biri hata yapabilecekleri ihtimalini pas geçmeleri oldu.

ABD, Türk general ve yönetici bürokratik elit ile halk arasındaki gerilimi uzun süre inceledi. Ve ezilen mütedeyyin halkın devşirme yöneticilere karşı sessiz çığlığını kullandı. Fetullahçı Terör Örgütü FETÖ'nün yargıç ve savcıları cuntacı generalleri hapse atarlarken AK Partililer dahil, başörtüsü mağdurları, ezilen dindarlar, açıkça veya gizlice onları, hınçlarını alıcı, kurtarıcı olarak gördü. FETÖ'ye katılım çığ gibi arttı. FETÖ'nün domine ettiği iş adamları Anadolu'da Türk ihracatını örgütlemeye başladılar. Amerika'nın Türkiye'yi ele geçirme gizli planı başlangıçtaki FETÖ sempati döneminde Necmettin Erbakan vb. birkaç feraset sahibi adam dışındaki kitlelerce hiç anlaşılamadı. FETÖ ezilen Müslümanların koruyucusu gibi davrandı ve öyle kabul gördü.

FETÖ tehlikesi karşısında yanılan, *"bu hasret bitsin diyen"* Erdoğan, uyanan ilk siyasetçi oldu ve Amerikan planını bozmak istedi. ABD de darbe planını öne almakla ciddi bir hata yaptı ve yarım asırlık gizli hazırlıkları başarısızlığa uğradı. İlginçtir, ABD'nin en üstün beyinleri bile başarısız darbe hamlesinin bin yıllık devşirme rejimini sona erdirecek bir demokratik devrime yol açacağını hesap edemediler. Dostlarımız dedikleri generalleri ebediyen kışlalarına sokacak, onları bir daha asla darbe yapamayacak hale getiren halk ihtilâlini tetikleyeceklerini tahmin edemediler.

Mütedeyyin halk ile devşirme asker-sivil yönetim arasında laiklik ve Atatürk unsurlarını mahirane manipüle eden ABD bir noktada başarısızlığa uğradı ve bilmeden *"Türk Demokratik İhtilâli"*ne yol açmış oldu. Bu ihtilâl sayesinde ordu kışlasına sokuldu, halk bundan sonra seçeceği iktidarları asla cuntalara yem etmeyeceğini, bu uğurda kan dökeceğini ilan etti. Ve Türk tarihi bin yıllık *"Devşirme"* sayfasını kapatıp aydınlık bir sayfa açtı.

Bu milenyal, tarihî bir devrim, gerçek Bayramdı. Bin yıllık askerî bürokratik vesayet bitmişti artık.

Başkanlık Sistemi

Sembolik Cumhurbaşkanı, yani sembolik, meşruti padişah... Devşirme bürokrasi, başındaki Sultan'ın Atatürk tarafından yok edilmesiyle başı kesik horoza döndü. *Millî Şef İnönü* ile vaziyeti idare etti, sonra da asker ve bürokrat Cumhurbaşkanları ile iktidarını devam ettirmeye çalıştı. Bir anlamda *"çakma sultan"* Cumhurbaşkanları tutmadı. Asker/Bürokrat Cumhurbaşkanı ömür boyu "emir alan" ve başa geçince de bir yerlerden (yer yer yurt dışından) emir bekleyen devşirme idi.

Demokrasinin güzel yanı, halk tarafından siyasetçinin akıllı mı, ruh hastası mı olduğunun bilinmesinden öte, deyim yerindeyse iç çamaşırına kadar tanınmasına imkân vermesidir. Türk seçmeni, bir ikisi hariç, meclisteki temsilcilerine seçtirilen Cumhurbaşkanlarını önceden hiç tanımadı. Erdoğan'ı seversiniz ya da sevmezsiniz. Ama düşünün; günümüz Amerikan ve Avrupa basın ve elitinin Erdoğan nefreti ile onu seçtirmeme, istedikleri bir adayı seçtirme feryadını not edin. Eğer eski sistemde olsa idik, ABD kapalı kapılar ardında birkaç general veya parti başkanına şantaj yaparak veya korkutarak istediği adamı -*ki o da açığı olan, her an şantaj yapılabilecek korkaklardan seçilecektir*- seçtirseydi... Korkutulacak veya satın alınacak üç beş kişinin seçtiği Cumhurbaşkanı mı? Yoksa halkın iç çamaşırına kadar, yedi ceddine kadar tanıdığı, sınadığı Cumhurbaşkanı mı? Vicdanınıza sorun bakalım.

Gelelim Avrupa'ya, Avrupa demokrasi evrimine: Önce Feodal derebeyleri, Vatikan ve krallar arkasından uzlaşma kültürü gelir. Sonra kapitalistlerin dünya sömürüsünden aldıkları artık fazlayı işçi sınıfı ile paylaşım anlaşması. Ardından Avrupa devletlerinin en son iki dünya savaşıyla kendi aralarında kavgadan bıkıp inşa ettikleri uzlaşma kültürü; çılgınca savaşarak elde edilmiş sağlam ve akıllıca barış yapabilme tecrübesi. Devamı ise siyasette koalisyon ve uzlaşı kültürüdür.

Osmanlı demokrasi evrimi: Mutlak siyasi merkeziyetçilik. Siyasi despot, ama yaşam tarzında liberal (devlet) babanın evinde -*Celâlî isyanlarını bir kenara koyarsak*- uslu oturan çocuklar şeklinde tezahür eder. Baba otoritesiyle bir arada yaşayan, otorite gidince aralarında nasıl uzlaşma kültürü yeşerteceklerini bilemeyen çocuklar kalır orta yerde.

Cumhuriyet; Atatürk ve İnönü dönemindeyse *Devlet Baba* devam ediyor. Demokrat Parti ile farklıların uzlaşma denemesi 1960 felaketiyle sonuçlanıyor. Asker sopasıyla Devlet Baba geleneği ve zorlama koalisyonlar dönemi başlıyor. Ekonomik ve sosyal kargaşa yılları... Asker destekli CHP iktidarının yürümeyeceğinin anlaşılmasının ardından Ak Parti iktidarı ve *Başkanlık Sistemi*'ne geçilir. İstikrar gelir ülkeye ve ardından her alanda çarpıcı kalkınma dönemi başlar.

Osmanlı toplumunda olmayan siyasi uzlaşma kültürü koalisyona geçit vermedi. Toplumun doğasına aykırı, suni koalisyon denemeleri sonucu ülke birbirini izleyen kaos zincirleri içinde uzun zaman kaybetti. Uzlaşı bilmez sosyopolitik yapı kendisini parti içi hizipleşmelerde de gösterdi, parti içi kavgalar lider sultasını mecburi kıldı. Partiler lider otoritesi altındaki uslu partililerin evleri oldular. O nedenle parti başkanları eşitler arası birinci olamadılar. O nedenle ömür boyu başkan oldular, onları değiştirmeye güç yetmedi.

Siyasette başarı ve ikbal için liyakat değil, sadakat kültürü kökleşti. Adayları parti liderleri tayin etti, parmaklar parti liderlerinin iradesiyle kalktı, indi. Ve otokrat parti liderlerince sadakate bağlı olarak seçilen, parmak kaldırmada mutlak itaat eden sözüm ona vekillerin rejimine parlamenter, özgür demokrasi dendi, güya Cumhurbaşkanlığı

Sistemi'nin bundan daha kötü olduğu ileri sürüldü. İtaat kültürünün olduğu ülkede aradaki farkı gösterebilmek ne mümkün? Aynı kültürü meslek odaları ve sendikalarda da görmüyor muyuz?

Tekrar Osmanlı sistemine dönersek; padişah ve devşirme bürokrasi, siyasi sisteme mutlak hakimdir. Osmanlı'nın reâyâ ile Siyasi Kontratı: *"Ben sana adalet ve güvenlik vereceğim. Dinin, meşrebin ne olursa olsun yaşam tarzına karışmayacağım. Sen de siyasete karışmayacaksın."* şeklinde tezahür etti.

Buna rağmen Türkmen rahat durmuyor. Türkmen ile devşirme gerilimi Osmanlı siyasi tarihinin gerçeği. Arada merkezi otoriteyi, siyasi uzlaşma kültürüne zorlayan feodal ve ruhban yok. Halk devlet gözünde siyaseten o kadar değersiz ki, onunla uzlaşma arama gereği bile duyulmamış. Halkın kendi arasında da siyasi kültür hiç gelişmemiş ki, *grassroots* [97] uzlaşması olsun.

Siyasi uzlaşma kültürünün olmadığı bir toplumda koalisyon iktidarlarının başarısı hayaldir hatta gaflettir. Türk halkı sağduyu ile kendi karakterine uyan ve Osmanlı'dan bu yana devam eden siyasi kültürünün emrettiği Başkanlık Sistemi'ne karar vermiştir. Eşyanın tabiatına uyan budur ve bu sistemle ülke istikrara kavuşmuş, büyük sıçramalar yapmıştır.

Türkiye'de siyasi uzlaşı kültürünün oturması hayal midir? Avrupa koalisyon iktidar pratiği iyi bir şey midir? Batı dünyası zenginliği kaybederse uzlaşma ve koalisyon kültürünü sürdürebilir mi? Türk ticaret burjuvazisi gelişip tüccarlar arası ve halkla *"kazan-kazan"* amaçlı uzlaşı kültürünü kazanıp siyasete yansıtabilir mi? Mümkündür. Yine de koalisyon iktidarının bin yıllık gelenekten gelen *Başkanlık Sistemi'*ne üstün gelebilmesi şüphelidir.

Roller Değişiyor

1940'lı, 50'li yıllarda okulda öğretmen, askerde komutan, karakolda polis, hastanede doktor tokadı yemek ahval-i âdiyeden konulardı.

---

97. Grassroots: Kendiliğinden, organize olmadan tabandan ortaya çıkarak yükselen hareket, olgu.

Meşhur sözdür; Osmanlı zamanında ve Cumhuriyet'e geçtikten sonra da devam eden gelenekle çocuğunu okula veren veliler *"Eti senin, kemiği benim"* derlerdi. Eğitim yöntemi olarak değnek de kullanılırdı. O devirlerde son derece olağan karşılanan bu *"hayat tarzı"* köylünün *"kendisinden devşirilmiş"* bürokrat karşısındaki öğrenilmiş çaresizliğinin göstergesiydi.

Şehirleşme, devamı mecburi askerliğin bedelliye dönüşmesi ile bürokrat ve asker korkusunun azalması doğrultusunda ilk çağdaşlaşmanın polis teşkilatında başladığını görüyoruz. *Şeffaf Karakol* uygulamasıyla karakollardaki işkencenin kaldırılması, hemen avukat çağırma hakkının getirilmesi ile Türkiye'de insan hakları alanında bir devrim başlamıştır.

Bir polis torunu olarak söyleyebilirim ki, asırlardan gelen uygulama bir gecede yok olmamıştır. Hırsızı döverek konuşturan, bir daha çalmaması için *"bir daha elime düşme"* diye pataklayan polis, yeni yasalara karşı tepkisini küsmekle göstermiş, *"dövmeden bu iş nasıl olacak?"* tavrına girmiş, modern asayiş tekniklerini öğrenmesi uzun zaman almıştır. Günümüz polis teşkilatı artık demokratik, insancıl yöntemler konusunda kendisini ispatlamıştır. İddia edebiliriz ki; ABD dahil, birçok Batı ülkesinden daha vicdanlı, daha insancıldır. Kendisine yumruk atana bile silah çekmeyen bir polisten bahsediyoruz!

Polisin bir başka özelliği, devlet erkinin baş aktörlerinden olmasına rağmen halktan, yani halka en yakın bürokrat sınıf olmasıdır. Kültür olarak hiçbir zaman halktan kopmamış, halka yabancılaşmamış, hep onunla iç içe olmuştur. Harbiye, mülkiye, tıbbiye gibi devşirme merkezi olmamıştır. O nedenle de modern zamanlarda halk-devlet kaynaşmasının öncüsü olmuş, halk kendinden gördüğü polisini kısa zamanda bağrına basmıştır.

Diğer müesseselerin insan hakları kavramına yaklaşmaları daha uzun zaman almaktadır. Masanın öbür tarafına oturan gencecik bürokrat, tarihî refleksle hala kendisini içinden çıktığı halkın fevkinde görmeye devam etmektedir.

Günümüzde yüzde doksan üç şehirli olan insanlarda köylünün öğrenilmiş çaresizliği, korkusu yok olmakta, hatta bürokrattan eski davranışlarının hıncını alma güdüsü baş göstermektedir. Bunun en bariz örneğini hastanelerde görmekteyiz. Gencecik doktor yaşlı hastaya eski alışkanlıkla *"sen"* diye hitap etmekte, halkın hizmetinde olduğunun henüz bilincine varamamış görünmektedir. Hasta ise eski korkusundan kurtulmuş, ama henüz birbirine saygılı burjuva düzeyine ulaşmadığı için doktora tepkisini kabul edilemez şiddette göstermektedir. İki tarafın da kısa zamanda saygıyı öğrenmesi gerekmektedir.

Konuyu kapatmadan şu hususa değinmekte yarar vardır: Özel sektörde yoğun talebin olduğu alanlarda görevli beyaz yakalı lumpenler de ellerine otorite geçtiğinde devlet memuru gibi üstenci psikolojiye girebilmektedirler. Kapitalizm emri, satış için müşteriyi memnun etmek şarttır. Bu mecburiyetle kısa süre sonra "insan"a saygıyı burunları sürtüle sürtüle öğreneceklerdir. Müşteri kaçırınca da kapı dışarı edileceklerdir.

Sahipsiz Devlet

"Ama kim ne derse desin, Cumhuriyet, Türk tarihinde gerçek anlamıyla bir devrimdir; ilk kez Cumhuriyet'le Türkler, yalnızca kendileri için değil, bir arada yaşadıkları tüm herkes için eşitliği, dayanışmayı öne çıkaran bir uygarlaşma hedefine yöneldiler. Zaten işte bu yüzden 'Türk modernleşmesi' üzerine daha çok kafa yormamız gerekir." [98]

Türkiye'miz çok hassas bir dönemden geçiyor. Sahipsiz devlet yeni yönetime geçerken sınıf çatışmasının ağır hasarını yaşıyor. Yükselen Anadolu burjuvası milenyum başındaki devrim ile iktidarı, devşirme bürokrasiden devraldı. Türkmen, ara dönemin zafer duygusu ve biraz da tarihten gelen eziklikle mağlup devşirmelere hoşgörü ile yaklaşıyor. Mağlup devşirme sınıf ise yenilgi psikolojisi ile muzafferlere başta yaşam tarzı ve kültür farklılığını kullanarak çok ağır saldırılarda, aşağılamalarda, hakaretlerde bulunuyor. Sanırım bunlar psikiyatristlerin

---

98. Göka, 2006, a.g.e. S. 184

alanına giren insani, doğal tepkiler.

Ama muhtemel karşı tepki de dikkate alınmalıdır. Zafer alicenaplık getirir, devleti devralanlarda şu anda bu olgunluğu görüyoruz. Ancak bu kişiler arasından bin yılın öcünü alma kararlılığında, devşirmelerde gördüğümüzün çok ötesinde zalimler de çıkabilir. Millî birliğimiz için asıl tehlike, muzafferlerin intikam duyguları, Batıcıları köksüzlükle ithamları, aşağılamaları olacaktır.

Bu noktada Vamık Volkan'ın mağduriyetten doğan toplumsal travma bahsine girelim.[99]

Vamık Volkan, konuya *"basic trust - temel güven"* kavramı ile giriyor. Çocuğun bakıcısına duyduğu güveni, sonra bu güvenin çevre ile gelişip, kendine güvene dönüştüğünü anlatıyor. Mağduriyet travmasının ise güven duygusunun birey veya toplumun baş edemeyeceği ağır acılarla yıkıldığını, tamirinin ise *"yas tutmak"*, yani acıyı ruh derinliğine hapsetmekten ziyade açığa çıkarıp onunla yüzleşmekle olacağını anlatıyor. Psikolojik zehir gün ışığına çıkarılıp akıtılmadığı takdirde çözümlenmemiş, sağaltılmamış travmaların nesilden nesile aktarıldığını, travma mirasçısı toplumların gizli psikolojik süreçleri anlaşılmadan, çözümlenmeden sosyal barış sağlanmasının güç olduğunu söylüyor.

Güney Afrikalı apartheid kalıntısı siyah çocukların *"Sürekli Travma"*ya uyum geliştirip kaderlerine boyun eğdiklerini, büyüklerin ise boşaltamadıkları umutsuzluk ve intikam duygularını kendilerine yönelttiklerini anlatıyor. Bu örnek bize belki lumpenin kendinden nefretinin ve niçin asırlarca kendisini ezen sınıfla özdeşleşmek istediği sorularının yanıtını verebilir.

Reâyânın, devamı Cumhuriyet taşrasının çektiği acıların Volkan'ın mağdur kitleler kavramı ile incelenmesinde yarar vardır. Belki de Türkmen, Kürt, Alevî, mütedeyyin mağdurların yaslarını tutmalarına ortam hazırlanması gerekir? Anadolu halkının çektiği sıkıntıların

---

99. Vamik Volkan, Societal well-being after experiencing trauma at the hand of "Others": The intertwining of political, economic and other visible factors with hidden psychological processes affecting victimized populations. Second OECD World Forum on Statistics, Knowledge and Policy Measuring and Fostering the Progress of Societies, Istanbul, 27-30 June, 2007

sağaltılması için reâyânın şuuraltı zehrinin gün ışığına çıkarılmasında, sağaltılmasında yarar olabilir?

Keza *Anadolu İhtilâli* ile tahtını kaybeden devşirmenin de yasını tutması gerekir, zira bin yıllık iktidarını kaybetmek daha da ağır bir travmadır. Bu konuların sosyal psikologlarımızca, psikiatristlerimizce ciddi olarak incelenme zamanı gelmiştir. Psikolojik derinliklerde bastırılmış zehirli duygular gün ışığına çıkarılıp sağaltılmadıkça toplum huzur bulmayacaktır.

Toplumsal barış konusunda iyimser olmamız için sebep var. Yükselen Anadolu burjuvası kendi modernitesini yaratacak demiştik. Anadolu kültüründen yükselecek Türk modernitesi zamanla tabii, olgun bir hal alacak, Batı özentileri, Batı kopyaları giderek aşağılık kompleksinden kurtulup Türk modernitesine entegre olacaklardır. Kısaca asıllarına dönecek, şizofrenik sosyal yapı tedavi sürecine girecektir. Yöneten ve yönetilen, devşirme ve reâyâ yeni Türk modernitesinde, ortak değerlerde birleşecek, sosyal barış tesis edilecektir. O ortamda muzaffer Türkmen'in devşirmeye husumetine de gerek kalmayacaktır.

İçinden geçtiğimiz tehlikeli durum için *Nevzat Tarhan*'a kulak verelim:

İnsan beyninin bir bölgesi farklı, diğer bir bölgesi farklı çalışır ve şizofreni ortaya çıkar. Toplumun da bir kısmı farklı, diğer kısmı farklı hedefler peşindeyse o toplumda huzur bozulur ve sosyal şizofreni denilen durum yaşanır. Sosyal şizofreni öğretilen bir duygudur. Bir insanın duyguları ile fikirleri kavga ettiğinde, şizofren oluyorsa, toplumda da çeşitli kültürel kimlikler birbiriyle kavga ederse, toplumsal şizofreni ortaya çıkar. [100]

Hayrettin Karaman da *"Toplumsal farklılaşma toplum için zenginlik, güzellik veren renkler, mükemmeli yakalama yarışının saikleri ve dayanışma aracı olmaktan çıkıp bölen ve parçalayan duvarlar haline geldiğinde toplumun birlik ve bütünlüğünü tehdit eder, bunun arkasından zayıflama, gerileme ve ülkenin bölünmesi tehlikesi gelir."* diyerek farklılıklarımızın ayırıcı değil birleştirici faktörler olması gerektiğine işaret ediyor.

---

100. Nevzat Tarhan, **Toplum Psikolojisi ve Empati**, TİMAŞ Yayınları, İstanbul, 2019, s. 36

Cumhuriyetin başında *"Devlet beyzadelerin devletidir"* diyen Türkmen iken, 15 Temmuz Devrimi'nden sonra *"Devlet elden gitti, dinciler Devleti ele geçirdi"* diyen devşirmelerle karşılaşıyoruz. Günümüzde vatan haini bol bir ülkeyiz söyleminin arkasında belki de "Devlet benim değilse batsın", *"Edirne'ye Enver gireceğine Bulgar girsin"* sınıf nefretinin şiddetini arayabiliriz. İktidarı Türkmen'e kaptıran devşirmenin *"devlet"*e yabancılaşmasını veya küsmesini şuradan kolayca anlayabiliriz: Türkiye'nin geleceği için hiçbir projeleri, hayalleri, mefkûreleri yoktur. O kadar küskün ve umutsuzlar ki; buna kafa yormaya bile gerek duymuyorlar artık.

Halil İnalcık'a kulak verelim:

Mustafa Kemal Paşa kürsüye çıkıp coşku ile "Büyük Türk Milleti" diye ilk kez halka seslenince ülkede ne büyük dalgalanma oldu. Şimdi geriye dönük anlayamazsınız. Herkes birbirine bakıp teaccüp (hayret, şaşkınlık) ediyordu. Bu topraklarda son 700 yılda bir tane yönetici yoktur ki konuşmasına Türk diyerek başlasın. Açın bakın fermanlar; "Ey kullarım buyruğumdur" diye başlardı. Anadolu'nun; taşı, toprağı, bitkisi buna alışkın değildi. Şaşkınlığı atmak hiç kimse için kolay olmadı. Özellikle asırlardır saray etrafından geçimini sağlayan "devşirme" tabaka kendini kapının önüne konulmuş hissetti. Bunların bir kısmı boyun eğdi kabullendi, etmeyenlerin kimi dinî, kimi etnik bir kimliğe bürünerek yeni kurulan devlette alttan alta uzun bir mücadeleye girişecekti.[101]

Bakın *Nietzsche* kaybedenler için ne diyor:

İstediklerini ele geçiremeyen başarısızlar hiddetle bağırırlar. "Batsın bu dünya". "Ben istediğimi elde edemezsem hiç kimse elde edemesin. Hiç kimse hiçbir şey olamasın". Bu iğrenç duygu, kıskançlığın zirvesidir.[102]

Nihayet... Devlet halkın devletidir artık. Bir kimse *"Bu devlet benim değil"* diyorsa, vicdanı o devlete ihaneti de meşru gösterir.

---

101. Halil İnalcık, ...

102. Friedrich Nietzsche, **Tan Kızıllığı**, Çev. Hüseyin Salihoğlu ve Ümit Özdağ İmge Kitabevi Yay., İstanbul, 2020, s. 91

Medya

Medya kadın gibidir. Teşbihte hata olmaz. Namuslu bir kadın düşünün. Ahlâksızın biri musallat oluyor. Kadın kocasından yardım istiyor. Kocası karısını korusun mu? Umursamazlık mı etsin? Anadolu tabiriyle *"kavat"* mı olsun? Korunmayan kadın sonunda pes edip belalının metresi mi olsun?

Basın özgürdür. Gerçekten özgür müdür?

Bahçeşehir Üniversitesi Hükûmet ve Liderlik Okulu'nda verdiğim konferansta *Amerika'da basın özgürdür* dedim. Ama taşrada. Taşra basını özgürce, rastgele istediğini yazar, söyler, düdüklü tencere gibi istim atar, halk içindeki zehiri boşaltır, rahatlar. Böylelikle *"düdüklüde"* patlamaya yol açacak sıkışma olmaz, ufak ufak dışa verilir gerilimler. Batı demokrasi oyununda sokak hareketleri de keza aynı işlevi görür. Refah azaldığında, zor zamanlarda istim çoğalır, hızlanır, deyim yerindeyse düdüklü tencerenin düdük sesi çıkaran o daracık geçidinden geçemeyince sosyal patlamalar yaşanır. Ardından da devlet, düzeni yeniden tesis etmek için sert tedbirleri hayata geçirir.

Taşra bir yana. Gelelim ABD ve Avrupa'daki *ana akım medya*ya: Batılı ülkelerde ana akım medyada köşe kapmak veya yönetici olmak, o ülkelerin istihbarat başkanı olmaktan daha ağır sınavlar gerektirir. Sisteme kölece itaat ve sadakat iyice sınanmadan, yazarın sisteme köle *"otokontrol"* melekelerini geliştirmeden yükselmesi imkânsızdır.

Ve Batı basını uyum içinde, hiyerarşik bir ailedir. Orkestra şefinin batonu ile hareket eder, dünyaya da öyle. Bir de bizim rengarenk basınımızı düşünün...

Gelelim gelişmekte olan ülkelere. Bu ülkelerdeki basın da Batı kontrolüne alınmak istenir. Girişte bahsettiğimiz belalılar; Batı basını, istihbarat servisleri ve kapitalidir. Bunların her ülkede casusları, ajanları, paralı yazarları, sözüm ona sivil toplum kuruluşları yani STK'ları, şantaj ve menfaatle bağladıkları iş adamları vardır.

Eğer devlet bu yabancı çıkarlara lakayt kalırsa kavat koca durumuna düşer ve basın yabancı çıkarlardan emir almaya, onlara hizmet etmeye başlar. Bu ortamda devlet cesur bir koca gibi basınına sahip çıkmaya kalkar ve yabancı etkisini engellemeye çalışırsa *"Basın özgürlüğü yok, diktatörlük, otokrasi var."* ithamlarıyla yıpratılır. Şartlandırma, manipülasyon, beyin yıkama teknikleri karşısında bu ithamları karşılayabilmek imkânsıza yakındır. Medyanın düşman kontrolüne ve dümen suyuna girmesi, ancak ve ancak... İktidar-Muhalefet ittifak ve tekliğiyle önlenebilir. Bu yaşamsal tehdit millî şuur, dayanışma ve iş birliği olmaksızın önlenemez. Bu da yeterince uluslaşamamış, "devlet"e gelecek tehdidin kendisini vuracağı bilincine henüz ulaşamamış toplumlarda çok zordur.

Bu veriler ışığında ülkemizde iktidarların nasıl devrildiğini düşünelim. Basın belirli kapitalistlerin kontrolüne geçmiş. Kapitalist, çıkarlarını, millî şuur dışında, -Atatürk'ün uyarısını hatırlayalım- yabancı çıkarlarla birleştirmiş. Dışarıdan emir aldığında saf, köylü, cuntacı generallere ışık çakıyor. Slogan: *"Atatürk elden gidiyor. Laiklik elden gidiyor. Yobazlar geliyor".* Ve hep aynı slogan ve hep aynı slogan. Ve her seferinde kusursuz çalışıyor.

Gün geliyor, halk ihtilâli, Anadolu İhtilâli oluyor. Halk iktidarı devşirmelerden geri vermemek üzere ele geçiriyor. Askeri kışlasına gönderiyor. Öne sürdüğü lider karısına sahip koca gibi basını Batı belasından kurtarıyor. Ve sonuç: Türkiye'de basın özgürlüğü yok. Tercümesi: *Basın Batı çıkarlarına metres değil, ona fahişelik edemiyor.*

Kitabımızı okuyaçak mazlum halklar sanırım bu satırlarla özdeşleşecek, aynı oyunun kendi ülkelerinde de oynandığını acı ile düşüneceklerdir.

Olayın en vahim yönünü Batılı halk kitlelerine sakladık. Gelişmekte olan ülke, özellikle eski koloni halkları, uyanıyorlar. Oyunun farkına varmaya başladılar. Ama Batı ülkelerindeki halklar basınlarının özgür, rejimlerinin demokrat olduğunu sanmakla derin uykudalar. Ve nereye güdüldüklerinin farkında değiller. Ekonomik refah yok olduğunda ayılacaklar.

Basın konusunu kapatmadan Şikago'dan (1994-1998) bir hatıramı nakledeyim. Chicago Tribune gazetesinin önemli yazarlarından biri ile çeşitli vesilelerle karşılaştığımızda sohbet ederdik. O günlerde aklımı ABD'nin II. Dünya Savaşı ertesinde dünya ekonomisindeki yüzdesi ile 1990'lardaki yüzdesine, yani azalma trendine takmıştım. Gazeteciye bu konuda elinde referans bilgi olup olmadığını sordum. Aldığım şiddetli tepkiyi burada ifade etmeye utanırım. Beni resmen kendisinden bilgi sızdırmaya çalışan casus yerine koydu. Belki haklı idi, istihbaratçılar çengel atacakları gazeteci ve casus adaylarına böyle masum bilgiler isteyerek işe başlarlar. Anlaşılan o ki ABD istihbaratı gazetecilerini istihbarata karşı koyma teknikleri konusunda eğitiyor, veya bilgilendiriyor, otomatik refleks geliştirmelerini sağlıyor. Acaba diyorum... *Bizim basın ve istihbarat bu konularda hangi âlemde?*

Cumhuriyet'te Kimlik

Şimdi bir keskin cümle kuralım: Osmanlı devşirme bürokrasisi Osmanlı'nın çöküşüyle bir anda yok oldu! Aklı başında hiçbir siyaset bilimci böyle bir cümle kurmaz. Cumhuriyet kurucuları II. Abdülhamid'in devşirme bürokrat ve generalleri idi. Kısaca Jön Türk ile İttihat ve Terakki akımının kesintisiz devamı idi.

Çetin Yetkin'e kulak verelim:

Belediye seçimlerinin sonuçları alınırken, Atatürk'ün Hasan Rıza Soyak'a hangi partinin kazandığını sorması, onun da C.H.P.'yi kastederek "Bizim parti" demesi üzerine Atatürk'ün "Hayır efendim; hiç de öyle değil! Hangi fırkanın kazandığını ben sana söyleyeyim: Kazanan idare fırkasıdır çocuk! Yani jandarma, polis, nahiye müdürü, kaymakam ve valiler... Bunu bilesin". [103]

Geç Tanzimat dönemi ve erken Cumhuriyet düşünürlerinin beyinlerini epey meşgul eden *"kimlik"* sorununun en akla yakın cevabını Atatürk'ün *"Ne mutlu Türk'üm diyene"* sağduyusunda buluyoruz. Nasıl ki bir insan bana şu ismimle hitap edin dediğinde bireysel kimliğe saygı

---

103. Çetin Yetkin, **Karşı Devrim 1945-1950**, Kilit Yayınları, İstanbul, 2019, s. 27

duyuyor isek, *"Ben Türk'üm"* diyenin sosyal kimliğine de saygı duyarız. *"Türk, Ben Türk'üm diyendir".* Kendisini bu kimlikten ayrı tutanları da bir insan kendisini ne sanıyorsa, hangi sosyal oluşuma ait görüyorsa saygıyla, o kimlikle kabul etmeliyiz.

Belirli coğrafi sınırlar içindeki sosyal, siyasal, etnik, dinî vb. kimliklerin tepesindeki kapsayıcı şemsiyeye üst kimlik diyoruz. Türkiye'deki üst kimlik nedir? Yeterince kapsayıcı mıdır? Alt kimlikler bu şemsiye altında birbirlerine karşı saygılı, barış, huzur ve ahenk içinde yaşamayı becerebiliyorlar mı? Kalbimiz bu soruya yanıt arıyor.

Millet, gerçek veya muhayyel ortak geçmiş, ortak yaşam tarzı ve ortak idealler üzerinde durur. Bu etkenler güçlü, kapsayıcı ve ahenk içindeyse millet güçlü, değilse güçsüz olur.

Ortak geçmiş için tarihe baktığımızda, Anadolu'ya girişimizden önce bozkırlarda at sırtında etnik karışma *(yatay sentez),* yerleşik düzenden itibaren de sürekli olarak yerel halklarla karışıp kaynaşma *(dikey sentez)* [104] ile DNA olarak heterojen, ama asırlar içinde ahenkle yoğurulmuş bir etnik yapımız var. Kürt yurttaşlarımızın bir bölümü hariç, bu etnik harç ile sorunu olmayanlar *"Ben Türküm"* diyor.

Kimlik Unsurlarımız

1. Türkçemiz

Genetik olarak neredeyse bağımızın kalmadığı Orta Asya ile ilişkimizi nasıl izah edeceğiz? Buna *"Kültürel Genetik"* diyerek cevap vereceğiz. Hem kimliğin hem de kültürel genetiğin en başat unsuru dil yani *"Türkçe"*dir. Türküm diyen insan Türkçe konuşuyorsa, Türk kimliği güçlü demektir.

2. İslâm

Türk kimliğini güçlendiren ikinci unsur *"İslâm"*dır. Bir Türk *"Müslümanım"* derse, kimliği daha da güçlenir. Dinler medeniyet doğuran

---

104. Attilâ İlhan'ın "**Ulusal Kültür Savaşı**" kitabında lûtfederek yer verdiği "yatay-dikey" sentezim; **Bir Büyükelçinin Düşünce Dünyası**, Aydın Nurhan, TASAM Yayınları, İstanbul. 2013.

kaynaklardır. İnsanların medeni aidiyetlerini belirlerler.

İrlanda için rivayet edilen güzel bir örnek vardır. Katolik-Protestan savaşı sırasında terörist gruptan biri yoldan geçen genci çevirip *"Katolik misin, Protestan mısın?"* diye sormuş. Genç kendisini sorgulayanların hangi taraftan olduğunu kestirememiş, *"Ateistim"* yanıtını vermiş. Teröristler bu kez *"Katolik ateist misin, yoksa Protestan ateist misin?"* demişler. Bu hikâyecik, bir insanın, içine doğduğu kültürün esiri olduğunun güzel bir örneğidir.

Kimlikte dilin ve dinin gücünü sınamak için yurt dışında yabancılarla evlenen Türkler'e bakmak uygun bir yöntemdir. Yabancı ile evlilikten doğan bir çocuk Türkçe bilmez ve yabancı anne veya babasının dilini öğrenirse... Keza yabancı anne veya babanın dinini alırsa, tek nesilde asimile olup Türklüğünü kaybeder. *"Ben Türküm"* dese bile kendisinden sonra gelecek nesillerin Türklükle ilgisi kalmayacaktır. İngiltere eski Başbakanı, *Çankırı Kalfat köylüsü*nün torunu *Boris Johnson* buna güzel bir misaldir.

Yurt dışındaki önemini vurguladığımız din ve dil unsurları yurt içinde yıpranmaya başlarlarsa ne olur? Afrika'yı örnek alalım. Emperyalistlerin *"adını, dilini, dinini"* değiştirdikleri toplumları... Hristiyanlığın hızla yayıldığı Japonya, Kore, Çin ve Hindistan'ı meselâ. Semavi dinlerin gevşeyip yol verdiği deizm, agnostisizm ve ateizmin medeniyetleri ve milletleri bir arada tutan etken zamk olan dini saf dışı etmelerinin *"millet"* kavramı üzerindeki etkilerini...

Ülkemizde benzer ruh halinde, ruhen ayrışmaya meyyal insanlar var. Bu psikoloji Türkiye toplumu için güç kaynağı mıdır, yoksa Türk tanımını gevşeten, sulandıran bir temayül müdür? Unutmayalım, toplum için din bireysel konu değil, medeni kimlik köküdür. İnsan ateist olsa da öyledir.

3. Yaşam Tarzı

Kimliğimizi oluşturan dil ve dinden sonraki unsur *"Hayat Tarzı - Yaşam tarzı"*dır. O nedenle Amerikalılar *"Our Lifestyle"* derler ve Amerikalı yaşam tarzına aykırı yaklaşımları stratejik tehdit, düşmanlık sayarlar. Neredeyse kutsiyet atfettikleri yaşam tarzını dünyaya dayatmaya, empoze etmeye çalışırlar.

Cumhuriyet başlangıcında yüzde doksan köylü toplumumuzun yaşam tarzı, 2023 yılında yüzde doksan üç şehirli yaşam tarzından çok farklı idi. Özellikle metropollerin kozmopolit yaşam tarzı nasıl bir toplum üretti? Teknolojinin dünya toplumlarını tek tipleştirme gücü nedir? Kimliklerimizi nasıl değiştirdi? 1920'li yıllardaki *"Köylü"* kimliğimizden, hayat tarzımızdan ne kaldı? Kozmopolit metropollerde burjuvalaşma sürecimizde küresel köy ile ne kadar benzeşti yaşam tarzımız? Radikal bir örnek verelim. Kimliğimizi küresel köy yaşam tarzı içinde tamamen eritelim mi? Biraz kendimiz kalalım mı? Ne kadar kendimiz kalalım? Kendinize sorun bakalım. Elinize kalem alıp bir liste yapın. Türk'ü Türk yaptığını, sizi başkalarından farklılaştırdığını sandığınız hangi değerleri korumak istersiniz? Niçin Türk kalmak istersiniz? İster misiniz? Psikiyatristin, cevaplarını kendi kendinize verdirdiği sorulara benzer, beyinde fırtınalar yaratacak sorular bunlar. Gönül bu soruların okullarımızda kompozisyon konusu olmasını ister.

4. Mefkûre Birliği

Dil, din ve yaşam tarzından sonra kimliğimizi oluşturan dördüncü unsur mefkûre birliğidir. Ruhen param parça olmuş, siyasi nefret ve düşmanlık duygularının tavan yaptığı bir toplumun ortak mefkûresi ne olabilir? Hangi ortak değerlerle yola çıkıp hangi ideallere yol arkadaşlığı yapacaksınız? Türkiye'mizi yükseltici gelişmeleri siyasi hasımlarınız gerçekleştirdi ise vatanınızın yükselme zevkinden mahrum mu edeceksiniz kendinizi? Siyasi nefretiniz o yükselme coşkusunu paylaşmanızı engelleyecek mi?

Ortak değerleri olmayan toplumun ortak mefkûresi de olamaz. Kendinize sorun. Elli yıl sonrası için, torunlarınız için nasıl bir Türkiye hayal ediyorsunuz? Bu hayaliniz ne kadar gerçekçi? Onu gerçekleştirmek için neler yapacaksınız? Hangi fedakârlıklara hazırsınız? "Ama onlar da..." demeden toplumun asgari müşterekleri için özverileriniz nelerdir? Dikkat edilirse Türk için ortak mefkûre koymadım. Eskileri o kadar yıprattık ki. Ruhlarımız ve beyinlerimiz o kadar parçalanmış ki. Cumhuriyet'in ortak mefkûresini zaman içinde "saygı"yı öğrenecek yeni burjuvalarımız oluşturacak. Tabii isteseler de istemeseler de tarihten, din ve gelenekten alacakları renklerle.

Devlet ve millet, muhafazakâr-liberal dengesinde yükselir. Muhafazakârlar, bir toplumu millet yapan ortak değerlerin sürekliliği için çalışır, toplumu ayrıştırma, parçalama ihtimali olan ani sosyal ve kültürel değişimleri yavaşlatmaya, amortisör görevi yapmaya çalışırlar. Liberaller ise içe kapalı durağan toplumun gerilememesi, dünya ile rekabet edebilmesi için yaratıcı, risk alıcı, kozmopolit, daha özgür ortamı savunurlar. Toplumların kimlikleri bu iki yaklaşımın ahenkli dengesi tutturulduğunda huzur bulur ve sağlıklı yükselirler.

Kürtlerimiz

"Türkiye'de Kürt Sorunu var mıdır?" sorusu tartışmalı bir alana açılır. Yanıtı ise *"Kürt sorunu vardır".* Belki de dedikleri gibi *"Türk sorunu vardır". On Altı Türk Devleti* sembolizasyonu gibi etnisite sayımızın da sembolik olarak yirmi iki olduğu söylenir. Cumhuriyet'in başından bu yana belki Kürtlerin üçte ikisi dahil, etnik gruplarımız Türklük şemsiyesi altında gönüllü şekilde bir araya gelmiştir. Sadece onlar değil. Alevîlerimiz Sünnîleşmiş, birçok gayrimüslimimiz de Müslümanlaşarak genel karışıma girmiştir. Ama yine de birliğe direnen etnisite ve mezhepler var olmuştur. Batıcılığa direnen muhafazakâr Türkler, Alevî Yörükler ve ulusal karışıma direnen Kürtler, merkez bürokrasi için uzun yıllar tehdit olarak görülmüştür; ta ki Tayyip Erdoğan bu grupların insani ve demokratik haklarını tanıyana kadar.

O zaman sorun şudur: Kürtlerle birlikte yirmi iki etnisite severek, bilerek, isteyerek Türk kimliğinde erirken bir grup Kürt niçin direnmiş yahut karışmak istememiştir? Bu soruna devşirme bürokrasinin yaklaşımıyla başlamak gerek.

Cumhuriyeti kuran bürokratlar başlangıçta yeni devleti *Türk-Kürt ortak devleti* olarak lanse etmişler, yabancı manipülasyonu ve tehdidi nedeniyle onları Türk kimliğinde eritmeye dönmüşlerdir. Bu politika metropollerde 1980'lere değin etkin olmuş, *(Türk olma isteğine "Doğma büyüme İstanbulluyum, Atatürkçüyüm, İslâmcıyım" söylemleri yardımcı olmuştur)*, doğuda kırsaldan şehirlere ve batıya göçün hızlanması ile iflas etmiştir. Bugün devlet Kürt kimliğine diğer etnisitelere tanımadığı ayrıcalıklar tanımaktadır.

Sorun, bizi Osmanlı yönetim tarzına geri götürmektedir. Etnik ve dinî grupların hayat tarzlarına karışmamak, hatta lâkayt kalmak. Ulus yaratılırken bu lüksü kaldırabilir miydi yeni Cumhuriyet? Burjuva ulusçuluğu kendini kanıtlamadan, özgüvene, kemale ermeden Osmanlı ademimerkeziyetçi yaşam tarzı siyasetine dönülebilir mi? Kendisini Türk değil, Kürt olarak tanımlayan grup, merkezi, devşirme bürokrasiyi ne kadar kendinden, kendi değerlerinden görür? Mesut Yılmaz'ın deyimiyle, Brüksel'in (Avrupa Birliği) yasalarını Diyarbakır'da ne kadar uygulayabilirsiniz? Alevî Türkmen ve mütedeyyin taşra için sorduğumuz bu soru Kürt için de varıt bir sorudur.

Bu vesile ile kaydedelim, Kürt halkı konusunda en büyük açılımın Tayyip Erdoğan döneminde yapıldığı da bir tarih gerçeğidir. Soruna tarih perspektifinden bakıldığında doğunun Türkiye'den kopması ve komşu coğrafyalarla birleşerek bir Kürt devleti oluşumu, özellikle mikro milliyetçi akımlarla ele alındığında, tehdit olarak algılanmaktadır. Mesele iç mesele olsa çözümü nispeten kolay olur. Ancak Osmanlı'dan, hatta Selçuklu'dan bu yana dış unsurları da kapsayan sorunu çözecek olan "zaman"dır. Ve Türk uluslaşmasının kemale ermesidir.

Türkçemiz

Türkçemizin bilimsel araştırmasını uzmanlarına bırakıp, matematik, mantık, bilgisayara uygun, fiil sistemi en mükemmel dillerden biri olduğu, kullananı hayata filozofça değil, ferah beyinle, pratik zekâyla, kolay adaptasyon yeteneğiyle yaklaştırıcı tarifleriyle başlayalım konumuza.

Yukarıda dilin kimliğimiz için ilk unsur olduğunu vurgulamıştık. Göçebe iken fiil ağırlıklı olan dilimiz yerleşik düzende isim ve sıfat ihtiyacı duymuş, Atatürk'ün hukukta acil ihtiyaçla Avrupa'dan yasa tercüme ettirdiği gibi atalarımız da hazırda, ellerinin altında yönettikleri toplumların dillerinden kelimeler almışlardı. Asya'dan Anadolu'ya yolculuğumuzda *Arapça* ve *Farsça*'dan alınan kelimelerin günlük mecburi ihtiyaçları karşılayanları taşraya, halka mal olmuş, karmaşık olanları da yerleşik düzende elit devşirme kadroların edebiyat ve resmî yazışma ihtiyacına cevap vermişti. Burada dikkat çeken husus, her ne kadar Arapça ve Farsça ıstılahların dilimizi istila ettiği yakınmaları var ise de Türk grameri, Türk fiil sistemi, dünyanın en güçlü dillerinden Arapça ve Farsça karşısında üstün durumda kalmıştır. Zira Türkçemiz dünyanın en kadim, en gelişmiş fiil sistemlerinden birine sahiptir.

Bizim tezimizin dil ile olan ilişkisi, hem Osmanlı'da ve hem de Cumhuriyet'te devşirme sınıfının halktan kopuk bir dil kullanması konusudur. Osmanlı'daki devşirme ile halk arasındaki dil uçurumu, biraz şekil değiştirerek Cumhuriyet devşirmeleri ile halk arasında da devam etmiştir. Osmanlıca'daki Arapça-Farsça ağırlıklı, ağdalı devşirme dili Cumhuriyet'te keza halktan kopuk, uydurma *"öztürkçeci"* devşirme elit jargonu olarak devam etmiştir. Yani elit ile halk arasındaki iletişim kopukluğu yaklaşık elli yıl da Cumhuriyet'te devam etmiştir.

Öztürkçe akımı, halkın değerlerine yabancı Cumhuriyet devşirmeleri arasında 1960'larda moda olmuş, ilk çıktığında elitin kullandığı, halkın anlamadığı bir jargon olarak kalmıştır. Özellikle öztürkçe hukuk terimleri bir kargaşa yaratmıştır. 1960'larda lisede okuyanlar hatırlayacaklardır, liselerde okutulan mantık derslerinde kullanılan öztürkçe de keza ciddi zihin karmaşasına yol açmıştır.

İlginçtir, Tanzimatçılar'ın halka doğru politikası, açılımı ve erken Cumhuriyet'in devşirme elit ile taşra arasındaki dil uçurumunu kapatma amaçlı sadeleştirme çabaları 1960'lı yıllarda amacından sapmış, çılgın bir öztürkçeciliğe, Osmanlı, Arap, Fars kelime düşmanlığına dönüşmüştü. Her moda gibi bu çılgın ideolojik dönem de hızını zamanla yitirmiş, Arapça ve Farsça birçok kelime dilimizden atıldıktan sonra ortalık durulmuş, günümüzde ortaklaşa konuştuğumuz modern Türkçe'ye gelinmiştir. Ancak arınma sonucu bu kez de Türk Cumhuriyetleri halkları ile iletişimimizde aksamalara yol açılmıştır.

Devşirme ile halk bütünleşmesi açısından bakıldığında yaklaşık altı asırdır yöneten ile yönetilen arasında iletişim kopukluğu yaratmış dil sorunu artık geride kalmış, Cumhuriyet nesilleri arasında yöneten-yönetilen birbirini kolayca anlamaya başlamıştır. Ülke eliti ile halkın ortak lisanda buluşması; sanırım bu spontane, tabii oluşum da kendi başına büyük bir tarihî olaydır. Ortak lisan, ortak iletişim, kavrayış, duygudaşlık demektir. Gelecek için en önemli millî tutkaldır. Bu noktada şu hususu vurgulamakta fayda vardır. Osmanlı devşirmesi ile reâyâsı tabii olarak birbirlerini anlıyorlardı. Hatta Cumhuriyet öztürkçecilerinin uyduruk kelimelerinden daha kolay anlıyorlardı birbirlerini. Burada vurgulanmak istenen, dil haznesinin zihniyet farkı yaratması, iletişimde yırtılmaya yol açmasıdır. Jön Türkler bu nedenle dilde sadeleşme, halka açılma ihtiyacını duymuşlardı.

Bu vesileyle vurgulamakta yarar vardır, devşirmeler edebiyat ve resmî yazışma konusunda çok hassas idiler. Sanırım o gelenek sadece dışişlerinde yani hariciyede kaldı.

Türkçe'mizin günümüzdeki kullanım sorunları ve şaşkınlığı, eğitimden kaynaklanmaktadır. İmla kuralları tamamen göz ardı edilince ortada kalan birçok yazar, örneğin *"katil"* kelimesini *"kaatil"* olarak uzun telâffuz ettirmek için (a) harfine şapka "^" giydirmiştir. Şapka bilindiği üzere (a) harfini kalın, uzun okutmak için değil, kâtip kelimesindeki gibi ince okutur.

Atatürk'ün kurduğu ve onun mirasını harcayan *Türk Dil Kurumu* bu perişanlığı önleyebilirdi, vakit hala geçmiş değil. Televizyon haber merkezlerine ve dizi film setlerine ücretsiz uzman gönderebilir, o danışmanlar doğru telaffuz konusunda yol gösterici görev yapabilirler. Keza gazetelerdeki imlâ hataları da affedilir boyutun çok ötesindedir. Editörlük mesleğinden taviz verilmemelidir. Spikerlik ve editörlük sınavları açılmalı, bu alanlarda sertifikası olmayan görev alamamalıdır. Artist, spiker, profesör ve siyasetçiler halkın taklit ettiği örneklerdir. Yaptıkları hataların ciddiye alınmaması, anamızın dili Türkçemize sahip çıkmadığımızı gösteriyor. Lumpen geçiş sürecinin eğitim aksamaları diyelim.

Türkçe konusunda son bir mülâhaza; Osmanlıca tefekkür dili idi. Güncel Türkçe ise pratik bir dildir. Dikkat çekici bir husus, az sayıda da olsa, mütefekkirimiz yabancı dil bilen, o dillerde düşünen insanlar... Belki yanılıyorumdur?

Din

Konumuz dinin halk ile devşirme ikilemindeki yeri. Önce Türkmen adına bakalım:

Ahmet Taşağıl'dan bir bilgi: *"Müslüman olan Türkler'e, Türkmen denmeye başlandı. Oğuzlarla ilgili... Özellikle 880'li yıllardan sonra, 900'lere doğru bugünkü Özbekistan'ın doğusundaki Fergana bölgesinde, Türkler Müslüman olmaya başlayınca ilk defa Türkmen adı kullanılmaya başlandı."* [105]

Yine Erol Göka ile ilginç bir başlangıç yapalım, *"Türkler'in İslâmiyet'i kabulü ve Anadolu'ya gelmelerinden sonra, kardeş kavgası, Müslüman Türk-Kâfir Türk, Selçuklu-Türkmen kavgası şeklinde sürdü."* [106]

"Medrese İslâm'ı -Tekke İslâm'ı, Resmî İslâm - Halk İslâm'ı ayrımları, beylikler döneminde de sürdü." [107]

Burada ilginç olan, Selçuklu ve devamı Osmanlı'da yönetim Müslüman olup Sünnî İslâm'ı Türkmen'e dayatıyor, uymayanı *kâfir* sayıyor.[108] *Çaldıran*'dan sonra İran ile ilişkisi kesilen Türkmen büyük oranda Sünnîleşiyor. Bin yıl sonra yönetim bu kez materyalist Batı medeniyetini seçiyor, Sünnî *halka yobaz diyor*, materyalizmi dayatıyor. Artık Sünnî olmuş periferi de tepkiyle materyalist *yöneticileri*

---

105. Ahmet Taşağıl, **Türklerin Serüveni Metehan'dan Attila'ya, Fatih'ten Atatürk'e**, Ed. Cansu Canan Ülgen, Kronik Kitap, İstanbul, 2019
106. Göka, 2006, a.g.e. S. 252
107. Göka, 2006, a.g.e. S. 255
108. Göka, 2006, a.g.e. S. 255

kâfirlikle suçluyor. Kısaca merkez/periferi, felsefe ve yaşam tarzında birbirine sürekli yabancılaşıyor.

Diğer birçok alanda olduğu gibi dinde de tarihte ve günümüzde yöneten ile yönetilenin anlayışları arasında uçurum olduğunu görüyoruz. Osmanlı Alevî Türkmen'i yerleşikliğe ve Sünnîliğe zorladı, asimile etmeye çalıştı. Osmanlı din anlayışındaki devlet reâyâ yırtılması, Cumhuriyet'te daha da radikal hal aldı. Pozitivizmi seçen Cumhuriyet elitleri hem Sünnîliği ve hem de Alevîliği *"kamudan itilmiş"*, *"eve hapsedilmiş"* şekliyle yorumladılar, yasaklamalar getirdiler.

Jean Paul Roux bu nedenle Türkmen dini için *"Türklerin eski dini politeizmle iç içe bir monoteizmdir ve kendine özgüdür. Türklerde en başından beri 'halk dini' ile 'devlet dini' birbirinden ayrıdır."* der.[109]

"Erki ele geçirenler, Sünnî; kendi soyundan yöneticiler tarafından ezilip horlanan, ancak savaş zamanı adam yerine konan kara budun Şia yanlısıydı genellikle ama İslâmiyet'e de kendi ruh özelliklerini katabildiler; atalar dinini bir biçimde canlı tutmayı başarabildiler." [110]

Selefi Araplar Türk İslâm anlayışının hala Orta Asya inançlarının etkisinden kurtulamadığını söylerler. Bu bir bakıma doğrudur. Anadolu köylüsü İslâm'ı özgür bir ruh ile yaşar. Moda tabirle söylersek, *kaçgöç kasabada başlar, din İstanbul'da matematik disipline girer, tek tipleşir.*

Bir söz vardır: *Dünyada kaç Müslüman varsa o kadar İslâm vardır* diye. Her bireyin Tanrı tasavvuru farklıdır. Dini algılayışı da farklıdır. Biraz antropoloji yaparsak; köyde, tarlada binlerce yıldır kan ter içinde çalışan kadının başörtüsünü bağlama şekli öncelikli sorun olabilir mi? Taşradaki Türkmen'in Asya steplerinden getirdiği din liberaldir. Ferah, sıkıntısız, tasasız İslâm'dır o. Köyde zaman da mekân da boldur, bu tabii ortamda ruh ve beden disiplinine ihtiyaç yoktur. Kasabadan itibaren hem mekân ve hem de zaman kısıtlı olmaya, ruh ve beden disiplini gerektirmeye başlar. Bunun 1950'lerdeki bir örneği, askere gelen köylüye sağa sola dönmekten başlamak üzere beden

---

109. Göka, 2006, a.g.e. S. 74
110. Göka, 2006, a.g.e. S. 195

disiplini vermek için zor kullanılması idi.

Giderek şehrin gerektirdiği ruh ve beden disiplini türban denilen başörtüsü bağlamada Weberyen tek tipleşmeye yol açtı. Köyde, asırlarca liberal şekilde uygulanan baş örtme çeşitliliği, modernitenin asker gibi tek tipleştirici, mutlak mantık disiplini gerektiren, saç telini asla göstermeyecek mutlak yorumu getirdi. Demek başörtüsü modernitenin mutlak mantık, mutlak disiplin gereğinin karşılanması çabasıydı, gerici değil, dinin modern yorumlanmasının eseri idi. İlginçtir, Cumhuriyet, İslâm yaşam ve anlayışını kendi laik kafasına göre formatlamak, tek tipleştirmek için çok çaba sarf etti ama başaramadı. Lakin şehre inen Türkmen bunu kendi kafasına göre başardı.

Burada İshak Torun'un Weber yorumunu da kaydedelim. *"Ancak din, dünya ve ekonomik hayatı motive etme sürecinde dünyevileşerek kendi sonunu da hazırlamıştır. Bu, içi boşalıp, ruhunu kendinden uzaklaştıran dinin (Protestanlığın) ironik hikayesidir."*[111]

Süreci Özal, Erbakan neslinin, yani dine ilgi duyan *Teknik Üniversite* neslinin, mühendislerin, Kur'an okuduklarında onu Arşimet'in *buldum* diye hamamdan fırlamasına benzer şekilde, literal yorumlamalarında görüyoruz. Keza o zamanlar geriye gidiş olarak tanımlanan bu gelişme, mühendislik eğitimi alan modern, pozitivist beynin, din kitabına mantık uygulamasından başka bir şey değildi.

Batıcı, modernist, pozitivist devşirme kaledeki yırtılma başlangıcını, Teknik Üniversite mantıkçılarının Kur'an merakına götürebiliriz. Tanzimat'ın teslimiyetçi Batı taklidi, ilk kez *"acaba"* diyen mühendislerce sorgulanıyordu. Dine yeni yaklaşım, geleneğin de Batı karşısına yeni bir yüzle çıkmasını beraberinde getiriyordu. Yüz yıllık kimlik krizinde yepyeni bir dönem başlıyordu.

Tanzimatçı Devşirme Bürokrasi kendi içinden çıkan bu *"hain"*lere şiddetli tepki verdi. Elit devşirme kalelerinden biri olan İstanbul Teknik Üniversitesi'nden bir grup mühendisin bizzat materyalizmi sorgulamaları *laik imana* saldırı idi.

---

111. Torun 2003 a.g.e. S. 114

Başlayan savaşta **"Nonkonformist Mühendisler"** pek şanslı görülmüyorlardı. Ancak derinlerde yatan soru devşirmelerin kimlik sorunu idi. Devşirmeler yüz yıldır kimlik krizinde idiler. Batı ile gelenek arasında şişe gibi sallanıyorlardı. Moderniteye mutlak imanları vardı. Ama bu iman huzurlu, oturmuş bir kimlik veremiyordu. Mühendisler modern yaşam gerçekleri karşısında kutsal kitabın literal, sert yorumunda giderek yumuşamaya, madde ile mana ikileminde makul, orta yolu bulmaya başladılar. Anneanne kara çarşaflı, anne manto ve başörtülü, kızlar başörtüsüz, hatta bu ailelerden gelen bazı torunlar bikinili yaşam tarzlarıyla dindarların girdikleri modernleşme trendini yansıtmaya başladılar.

Gelişmeye tepeden baktığımızda sarkaç örneği tahlilimize ışık tutacaktır. İnsanlık madde ile mana arasında gidip gelmektedir. Kilisenin Roma İmparatorluğu'nu ele geçirmesiyle Batı *madde*'den *mana*'ya, âhiret için yaşamaya yönelir. Ardından reform, Rönesans ve teknoloji devrimlerinin itici gücüyle tekrar mana'dan madde'ye yönelip dünya malına uyanır. Sonra 21. yüzyılda tekrar spiritüel, mana arayışlarına girecektir. Bu muvacehede Osmanlı da Tanzimat'la mana'dan, yani âhiret için yaşam tarzından madde'ye, yani materyalist dünya için yaşam tarzına geçer. 21. Yüzyıl Cumhuriyet Türkiye'si ise gerici, yobaz damgası yiyip aforoz edilme korkusundaki ergen döneminden çıkıp makulü, orta yolu bulma dönemine yaklaşmaktadır.

Siyaset felsefesinde ve devşirme zihinde maddeye uyanış bizde de Batı'daki gibi çok sert olmuş, sarkaç manadan maddeye radikal şekilde savrulmuştur. Dinci-laikçi kavgası dediğimiz radikal zihin ve yaşam tarzı yırtılması, sarkacın makul ortada durulması ile tamir olacak ve ruhlar huzur bulacaktır.

Yine de bu noktada bir saptama yapmakta yarar vardır. Denilir ki, *felsefe, Eflatun'a yapılan şerhlerden ibarettir.* Bundan devamla diyelim ki, din filozoflara şunu söyler: *Dolap beygiri gibi dönüp duruyorsunuz. İnsan beş reseptörü ve bir işlemcisi olan robot gibidir. Reseptörlerinin algılayamadığını, reseptör kapasitesinin ötesini bilemez. Keza işlemcinin kapasitesi de bellidir. Onun anlamlandırabildiğinin ötesini de anlamlandıramaz.*

Keza felsefe için söylenen en güzel tarif, *onun zevkli bir seyahat olduğudur. Ve din için söylenen güzel ama tezat tarif şudur: Özellikle siz filozofları, dolap beygiri gibi şaşkın dönmekten kurtarmak için ben geldim. Ben beş duyu ve beyninizin kapasitesinin ötesiyim. Beyninizi hayat denilen hapishaneden kurtarmaya, sonsuzluk özgürlüğüne açmaya geldim.*

Toplumlarda her alanda modalar vardır ve bazı modalar anlık değil, asırlıktır. Osmanlı çöküş nedeninin dine bağlanması gibi: Şeriatçı, yobaz Osmanlı *-Ama yalnız padişahın kendisi. Devşirme sınıf hariç tutulur-.* Bu günümüzde hala moda ve geçerli bir iddiadır. Bugün Türkiye'de modern, çağdaş, ilerici görünmek için din konusunda kuşkucu, inkârcı, en azından mesafeli olmak gerekir. Aksi takdirde Batıcı modernistlerimizin engizisyon ve aforoz mekanizmaları çalışır.

Bilimde ayıp olmaz, biraz mahreme girmemi hoş görün. 1960 gençliği için din/modernite çatışması konusunda verilecek en çarpıcı örnek vücut kıllarıdır. Türk temizlik geleneğinde koltuk altı ve etek tıraşı vardır. 1960'lar gençliği bu geleneği din kaynaklı gördüğü ve bu temizliği devam ettirmenin tespih çekmek, sakal bırakmak *(ideolojik ve entel sakal hariç)* gibi gerici, yobaz görüntü vereceği korkusu ile terk etmeye başlamıştır. Köyden şehre inen gençler arasında *"Plajda kolumun altında kıl görmezlerse beni acaba köylü, gerici, yobaz sanırlar mı?"* endişesi başlamıştır.

Keza bir mutlak mantık konusu; Türkiye'de modernitenin yaygınlaşmasıyla vücutta kıl bırakıp onun terle yapış yapış olması, tuvaletten sonra suyla taharet yerine gaitanın tuvalet kâğıdıyla kıllara sıvazlanması modernitenin, Batılılaşmanın, medeni olmanın gereği olarak görülmeye, moda olmaya başladı. Batılıların çağ dışı ve barbar Türk ithamları karşısında henüz rüştüne varamamış bir neslin korkuları, kompleksleriydi bu inanılması güç saçmalıkları körükleyen.

Bazı gençlerimizin modern görünme endişesi konusunu kapatmadan önce Descartes'a yattığı yerde takla attıracak bir başka mantık oyununu da kaydedelim. Kıla sıvanmış gaita ile havuza girmek, Fransa hijyen yasalarına göre sakıncasız. Tesettürlü kadının temiz vücut ve temiz elbise ile havuza girmesi ise hijyene/sağlığa aykırı.

Her şeye rağmen ülkemizde bu mantıksızlığı savunacak epey saplantılı şaşkınımız çıkacaktır.

Din konusunu Erol Göka'dan dört alıntı ile noktalayalım:

"Erki ele geçirenler, Sünnî; kendi soyundan yöneticiler tarafından ezilip horlanan, ancak savaş zamanı adam yerine konan kara budun Şia yanlısıydı genellikle ama İslâmiyet'e de kendi ruh özelliklerini katabildiler; atalar dinini bir biçimde canlı tutmayı başarabildiler." [112]

"Çulcu'nun belirlemesine göre, Osmanlı tarihindeki en önemli olaylardan birisi de, devşirme paşaların etkisiyle, Kalenderi/Ahî kökenli Çandarlı Halil Paşa'nın katledilmesidir; çünkü bu olay, Osmanlı merkezî yönetimi ve devlet politikasının hızla Arap/İslâm/Sünnî bir taassup çizgisine doğru kaymasını temsil etmektedir. Bu tarihten sonra, bir Bizans kurumu olan Şeyhülislâmlık makamı, Osmanlı sarayına girecek, artık ortodoks merkezle heterodoks akıma yakın olan Türkmen çevreler arasında yeni bir gerilim başlayacaktır. Safevî devletinin oluşturduğu heterodoks otorite Türkmenleri etkiledikçe, merkezî otoritenin bunlara karşı tutumu sertleşiyor ama Türkmenlerle aynı inançları paylaşan Yeniçeriler giderek daha çok hırçınlaşıyorlardı." [113]

"Egemen olan boy, iktidarını merkezîleştirebilmek ve meşrulaştırabilmek için tüm topluluk üyelerinin kabul edeceği bir inanç sistemini (ki bu inanç sistemi, diğer uygarlık unsurları gibi, çoğu kez çevredeki uygar topluluklardan ödünç alınır) benimsediğini göstererek topluma dayatır; merkezkaç güçleri oluşturan diğer boylar ise eski inançlarda ve yaşama tarzında ısrar ederek merkeze direnmeye çalışırlardı. Böylece mafiyöz toplum yapısını ve kardeş kavgasını sürekli olarak üretecek bir inanç zemini, bir 'millî din'- 'halk dini' ayrımı da çıkmış oluyordu."

"Haçlı seferleri ve Moğol istilaları döneminde bu Bâtınî hareketler daha da güç kazandılar. Bir yanda "resmi Sünnî medrese Müslümanlığı", diğer yanda göçebe ve köylü unsurlar arasında ve şehirlerin alt tabakalarında yaygın olan eski inançların ve Bâtınîliğin ciddi etkilerinin görüldüğü "halk dindarlığı" vardı. Şamani ve Şii akideleri, mehdi

---

112. Göka, 2006, a.g.e. S. 195
113. Göka, 2006, a.g.e. S. 233

inancıyla birleştiren Babaların halkı isyana çağırdığı Babai Kıyamı bu zeminde ortaya çıktı. Medrese İslâm'ı-Tekke İslâm'ı, Resmî İslâm-Halk İslâm'ı ayrımları, beylikler döneminde de sürdü." [114]

Osmanlı İmparatorluğu'nun böyle bir yola doğru evrilmesinde şüphesiz birçok başka etken vardır ama baştan beri üzerinde durduğumuz egemenliği altındaki Türk topluluklarını yönetebilmek için Türk tarihindeki diğer egemen boylar gibi dışarlıklı bir din ve yaşam ve yönetim tarzı seçme zorunluluğunu onların da hissetmiş olması ana önemdedir." [115]

Dogma İhtiyacı

Abdülhamid'in tıp öğrencilerinin radikal materyalizmine dönersek, dini dogma olarak tartışmayı da düşünebiliriz. Beynin sınırsız ve sorumsuz düşünme özgürlüğü içinde yolunu nasıl bulacağı, filozof ve din âlimlerini oldukça meşgul eden bir meseledir. İnsan fikrî okyanuslarda özgürce dolaşsa da zaman zaman sığınacak durağan, huzur veren, bütüncül bir limana ihtiyaç duyar. O liman değişmez, mutlak dogmadır. İdeoloji ve dinler bu ihtiyacı karşılamaya çalışırlar. Ancak hepsi insan beyninin mahsulü olduklarından zamanla değişime uğrarlar. Kur'an bu noktada diğerlerinden ayrılır. Gayrimüslimler Kur'ân'ın da diğer din kitapları gibi Peygamber'den sonra derlendiği, değişmiş olabileceği iddialarını öne sürerler. Ülkemiz deist ve ateist devşirmeleri arasında da bu iddiaya katılanlar vardır. Kitabın değiştiği iddiaları ancak yazılana kadarki döneme atıftır. Kitap derlendiği andan itibaren hiçbir değişiklik iddiası varit olamaz, zira bir tek âyet vardır ki, *"Onu biz indirdik, (sonsuza kadar) biz koruyacağız."* (Hicr Sûresi 9. Âyet) Kur'ân'ın 1500 yıldır değişmediği gibi, değişmeyeceğinin de ilanıdır.

Bu konuya niçin girdik? LGBTQ, günümüzün hararetli tartışma konusu. Çıplaklık ve seks tartışmaları insanlık tarihi kadar eski konulardır. Tartışmaya 1930'lu yıllarda ABD plajlarında polisin mayo uzunluğunu ölçme

114. İshak Torun, **Max Weber' de iktisadi Gelişme Düşüncesi**, Okumuş Adam Y, İstanbul, 2003, s. 109

115. Göka, 2006, a.g.e. S. 256

fotoğraflarıyla başlayabiliriz. Öncesi, Ortaçağ Avrupası'nda kadın kıyafetlerinin kapalılığını da hatırlayabiliriz. Pagan Atina ve Roma homoseksüellik ve çıplaklığından Ortaçağ kapalılığına, oradan modernitenin homoseksüellik ve dekoltesine bir döngü görüyoruz. Bu döngü bize toplumların da bireyler gibi isyankâr ergenlik çağını, kendilerini ispat ve özgürlüklerini ilan dönemleri yaşayabildiklerini hatırlatıyor. Kadın hakları, LGBTQ hakları, seks, dekolte/çıplaklık vb. alanlardaki sosyopsikolojik patlama dönemlerini bu objektiften değerlendirebiliriz. Tabii bu tartışmalarda, değişimin tarihin hangi dönemlerinde ve hangi coğrafyalarında yer aldığı önemli.

Ortaçağ'ın tesettürlü Avrupası bugünün LGBTQ ve çıplaklar kamplı Avrupası ise, Türk modernitesi de aynı yola girecek midir? Girmiş midir? Bu açılımın köylülükten kaçma, burjuvalaşma, modernleşme çabasındaki insanlarımızın kendilerini, özgürlüklerini ispat iddialarındaki, özentilerindeki yeri nedir? Ne kadar açılınca isyan psikolojisi tatmin bulacak, kendilerini olgunlaşmış, özgür hissedeceklerdir?

Materyalist eğitim nedeniyle ruhun mana bölümü köreltilmiş, psikiyatrist kapılarında, yoga salonlarında uzak doğu spiritüalist felsefesinde çare arayanlar sığınacak değişmez liman ihtiyacına girecekler midir? O liman tekrar din olabilir mi?

Hukuk

"Bir ülkenin kanunları, o toplumdaki ahlâk kurallarının resmî müeyyide altına alınmış şekilleri olmalıdır. Kanunlarla ahlâk kuralları birbirine uymadığı zaman, insanlar, bunlardan birini çiğnemek zorunda kalırlar".

Erol Güngör

Osmanlı hukuk düzeni, yükselme çağında oldukça adil ve başarılı idi. Adalet ve güvenik sağlamak, devletin reâyâsıyla yaptığı sosyal kontrat idi. Çöküş hızlandıkça, özellikle XIX. Yüzyılda modernitenin girmesi ile yetersizlikler ve yozlaşma görülmeye başlandı. İlginçtir, Osmanlı taşrasında halkı devşirme bürokrat zulmüne karşı koruyan sınıf taşra kadılarıydı. Cumhuriyette ise bu uygulama son buldu.

İflas etmiş Osmanlı hukuk sistemi... Yabancı yasaların aceleyle tercüme edilip uygulanması... Akla ve bilime aykırı, çaresizlikten kaynaklandı, evet. Ama o yasaları uygulayacakların devşirme sınıf yapısı daha önemli idi. Halka, onun değerlerine yabancı hukukçuların uygulamaları Türkiye gerçeklerine aykırı idi. *Mesut Yılmaz* bu yüzden *AB yasalarını Diyarbakır'da uygulayamazsınız* diyordu. *Yekta Güngör Özden* adlı CHP'li avukatın Anayasa Mahkemesi Başkanlığı'na getirilmesi, keza CHP Adalet Bakanı *Mehmet Moğultay'*ın yargıçları kendi zihniyetlerinden seçme ısrarı, *"Hükûmetten 5 bin kişilik kadro çıkardım. Bu kadroları örgütüme vermeyip de MHP'ye ve RP'ye mi verseydim?"* demesi 1990'lar Türkiye'sinin hukuk düzeyi hakkında ibretlik bilgi verir. O dönemlerde halk ve onun değerleriyle ilgisi olmayan adalet mekanizması devşirme zihniyetin homojenliği içinde kusursuz çalışıyordu. O nedenle eski günleri arayan çoktur.

Daha sonra adliyenin iktidarı ele geçirme aracı olarak askerden çok daha etkin silah olduğunu FETÖ görmüş ve onu gerçekten ele geçirmiştir.

Askerî mahkemelerin kapatılması ve subayların sivil mahkemelerce yargılanmaları başlayınca FETÖ savcılarının subayları hapsetmeleri, başta başörtülüler olmak üzere darbelerin acılarıyla yanan mütedeyyinler için teselli ve *etme-bulma* olarak değerlendirilmiş, onları askere karşı FETÖ'ye sempati ile bakmaya yöneltmiştir.

Mütedeyyinler, özellikle başörtülüler Türk adalet uygulamasından umudu kesip Hıristiyan Avrupa yargıçların merhametinden medet ummuş ve bu nedenle AB üyeliği konusunda heveskâr olmuşlardır. 15 Temmuz sonrası Türk Adaleti için tarihî dönüşüm dönemidir. Halktan kopuk, onun değerlerine yabancı yargıçlar aniden değil, ama yavaş yavaş halkın değerlerine yaklaşmaya, adalet, eski ile yeni zihniyet arasında denge bulmaya, lumpen Kemalist ideolojiden sıyrılmaya başlamıştır. CHP bu yeni durumu kabullenememiş, halkın değerleriyle barışan adaletin, Ak Parti yandaşı olduğunu ilan etmeye başlamıştır.

Bu noktada yargıçların iktidardan korkup korkmadıkları tartışmasına da girilebilir: Avukatlık stajımı yaptığım yetmişli yıllarda bir rivayet yayılmıştı stajyerler arasında. Genç bir yargıç doğuya atanmış, ertesi gün bir ağa genç yargıcın kapısına dayanmış, davasından bahsetmiş ve masaya bir tabanca ve bir de para dolu çanta koyup *seç* demiş. Çocuk iki gün süre istemiş, ertesi gün pılısını pırtısını toplayıp kaçmış o yerden. Şimdi soru şu tabii: *Kaçmasa idi, hangisini seçerdi? Dirense idi o yıllarda devletin onu koruyacak gücü var mı idi?* Ve can alıcı soru: *Teslim olsaydı tüm meslek hayatı boyunca şantaja maruz kalmaz mı idi?*

Bir insan halktan ve onun değerlerinden kopuk da olsa ruhunda adalet var ise akla ve vicdana uygun adil kararlar verebilir. Onun için göreve alınırken meşrebi sorgulanmaz. Ama günümüz personel tekniği ile bir yargıç adayının karakter tahlili imkânsızdır. Karakteri sağlam olmayan aday ise ömür boyu şantaj mahkûmu, hukuk için ciddi handikaptır.

Bu vesile ile yasalarımızın toplum gerçeklerinden ne kadar kopuk olduğuna küçük bir örnek vermekte yarar vardır. Ülkemizde adam dövmek serbesttir. Yasaların can, mal, şeref koruma cümleleri pratikte geçersizdir. Devletin olmadığı yerde bireysel fiziki ve psikolojik tedbirler devreye girer. Acaba? En kalınından pos bıyık bırakma kültürü, yasanın yetersiz kaldığı toplumda bir korunma güdüsü, topluma; *bana bulaşmayın* mesajı olmasın?

Edebiyat ve Müzik

Bu bölüme girmeden önce vurgulayacağımız ilginç bir husus var. İran medeniyetinin Osmanlı üzerindeki etkisi o kadar güçlü ve yaygın ki, hem yönetim eliti devşirme ve hem de Türkmen üzerinde ayrı ayrı etkin olmuş. Kültür, özellikle edebiyat alanında devşirmeler üzerinde, Şiilik, yani din etkisiyle de Türkmenler üzerinde etkili olmuş.

Bu kitapta sık sık atıf yaptığımız *"Hititlerden kalma karasaban kullanan köylü"*nün Âsitâne'deki devşirme *"divan edebiyatı"* ve musikisi ile ilişkisi ne olabilirdi? Onun müzik ve şiir ihtiyacını bir arada karşılayan ozanları, âşıkları vardı. Halk türkü ve edebiyatında yaratıcılık, divan edebiyatında durağanlık, form ve ahenk öncelikli idi.

Bir ihtimal, Atatürk'ün 1 Kasım 1934 Türkiye Büyük Millet Meclisi (TBMM) konuşması ertesinde Klasik Türk Musikisinin yasaklanmasının arka planında Osmanlı karşıtlığının yanı sıra bu müziğin taşradan kopukluğunun da etkisi vardı.

Vakta ki XX. Yüzyılın ikinci yarısında metropollere yoğun göç başlıyor, halk türküden pop müzik makasına giriyor. Ve arabesk doğuyor. Devşirme devamı elit zümre ise klasik Batı müziği, caz ve Batı pop müziğine yöneliyor.

Cumhuriyet devşirmeleri ve geçiş halindeki lumpenin birleşmesinde en önemli unsurlardan biri belki modern pop müziğimiz olacak. Ortak iletişim dilimiz haline gelen modern Türkçemiz gibi müzik zevkindeki ortaklık da yemek kültürümüzle birlikte belki diğer alanlara sirayet ederek ortak kimliğimizin oynayacak?

Unutulmamalıdır ki köylü-lumpen-burjuva transformasyon döneminde zevkler farkı yüzeyseldir. Diplomalı ile diplomasızın zevkleri henüz keskin sınırlarla ayrışmamıştır. Genlerdeki şuuraltı taşra dürtüleri kendilerini daima hatırlatırlar. O nedenle sosyete baloları arabesk ve oryantal oyun havalarıyla biter.

Edebiyata gelince. Kitap, yalnız insanın, mecburi arkadaşıdır. Göçebelerde, büyük ailelerde, köyde, toplumsal mahalle ortamında şifahi kültür önde iken, metropoldeki nükleer aile, komşunun kapı komşusunu tanımadığı apartman hayatındaki yalnız insan için yazılı kültür başlar. Batı'da yalnız burjuvanın sarılacağı ilk dost, kitap oldu. Türkiye'miz için durum biraz farklı. Kitap kültürü yeterince yerleşmeden internet geldi. İnternet, küreselleşme ve teknolojinin tek tipleştirme etkisiyle, elit ile taşralı zevklerini birleştirici rol oynadı. Bu anlamda yeni Türk edebiyatının da zamanla devşirmeler ile içinden çıktıkları halkı tek tip zevkte birleştireceğini tahmin edebiliriz.

Klasik Türk Müziği, Halk müziği ve Halk Danslarının geleceğine baktığımızda;

1960'lı yıllarda Ankara'da görevli Amerikalı subaylar bakır ve pirinç ibrikler, nargile, kilim ve kilim minderler ile evlerinde Şark köşesi yaparlardı. Yüksek bürokrat çocuğu *'68 gençliği* de onları taklit edip

Şark köşeleri yaparlardı. İşte bu nokta çok önemli bir psikolojik tahlil konusudur. Bu gençler şu mesajı veriyorlardı: *Ben o kadar yükseldim, köyden o kadar uzaklaştım ki, şimdi artık çok modernim, köylü damgası yeme korkusu olmadan, bir Batılı gibi evimde dekor olarak kullanıyorum köy eşyalarını* diye haykırıyorlardı. Yani *oryantalist* olmuşlardı. Keza Türk Halk Danslarına üniversiteli ilgisi de aynı oryantalist yaklaşımdan kaynaklanıyordu. Sosyete çocuğu o kadar modern idi ki, kendisine köylü denmesinden hiç korkmadan halkın dansını oynamaya tenezzül ediyordu. Tabii iç psikoloji olarak üstünlüğünün, lütfetmenin derin hazzıyla. Bu noktada unutmamalı ki başka her alanda köylü, dinci, gerici damgası yeme korkusu ile yaşıyordu o çocuklar.

Hasılı, mütedeyyin sınıftan doğacak Türk aristokrasisi Osmanlı devşirme klasik musikisinin huzur, dinginlik veren ruhunu tercih ile yeni yaşam tarzının bir parçası yapacaktır. Klasik Batı müziğini de buna ortak edecektir kuşkusuz.

Halk dansları muhtemelen Anadolu Ateşi denemelerindeki gibi modernize edilerek hatta *(Atatürk'ün hayal ettiği gibi)* operalara kaynaklık ederek küresel kültürel değerlerden biri olacaktır.

Devşirme ile halk ayrımını giderecek, onları ortak noktada birleştirecek müzik ise modern Türk pop müziğidir. Bu noktada şu hususu vurgulamakta fayda vardır. Bir Fransız, Amerikan, İtalyan, Alman, İspanyol, Hint, Arap ve hatta Yunan pop müziğini duyduğunuz anda onun ait olduğu kültürü hemen anlarsınız. Geçiş dönemindeki lumpen popumuz hakkında o düzey henüz söz konusu değildir. Bunun olgunlaşması için belki iki nesil daha beklememiz gerekecektir. O güne kadar devşirmemiz de lumpenimiz de aynı nakaratları terennüm edecektir.

Müziğin ruhlardaki etkisine gelince;

Divan müziği huzur ve dinginlik veren bir müzik iken *-ki Orta Asya'dan getirdiğimiz savaşçı ruhumuzu uyuşturduğu da iddia edilir-* Amerikan müziği insan ruhunu galeyana getiren, isyankâr, mücadeleci, ruhu kırbaçlayan bir müzik olarak yepyeni bir Türk nesli yaratmaktadır. Uyuşturan bir müzik mi? Savaşa iten bir müzik mi? Mutluluk, zafer ikilemi... Atatürk hangisini isterdi?

Son olarak, Amerika dünyaya pop müzik yayarak kendisine savaşçı rakipler yarattığının farkında mı? Gerçi onun da çaresi var. Dayarsın esrarı eroini yenidünya gençliğine; bir yanda azdıran, diğer yanda uyuşturan. Ve sapıtan genç...

Eğitim

"Eğitim sisteminin toplumda geçerli olan ahlâk kurallarıyla çatışması... İnsanın ailede öğrendiği şey okulda kusur sayılırsa, okulda öğrendiği şey mahkemede suç sayılırsa, neyin doğru neyin yanlış olduğunu bilmeye ve dolayısiyle ahlâklı davranmaya imkân yoktur"

Erol Güngör

Psikoloji ve felsefede insanın tabiatında var olan ile sonradan çevreden *(zaman-mekân-sosyal ortam)* kazanılan nitelikler ciddi tartışma konusudur.

Eğitim ise sözlük tanımı gibi insanın doğasını eğip bükmek, kalıba sokmak çabasıdır. Sorun, çocuğun kimin istediği kalıba sokulacağıdır. Bir zamanlar fütüristik bir deneme olarak görülen *Aldous Huxley*'in *"Cesur Yeni Dünya"* veya *George Orwell*'in *"1984"* ortamlarına hızla sürüklendiğimiz bir çağda insan beyninin nasıl formatlanacağı sorusu önümüzdeki en önemli meseledir.

Hatırlanacağı üzere yaygın eğitimin başlangıç amacı Fransız İhtilâli sonrası *ulus devlet için vatandaş yetiştirmek* idi. Önceki aşama, devlete bürokrat yetiştirme, son safha da ekonomi için insan kaynağı üretmek idi.

Bizde amaç Enderun'dan başlayarak, hep öncelikli olarak memur yetiştirmek oldu, sonra da vatandaş. Bizde millet devleti yaratmadı. Tersine, devlet milleti yarattı. Ekonomi bilimi; pratik, mantıklı, rasyonalist beyinler ister. XIX. yüzyıldan kalma arkaik, çağdışı eğitim ise ideolojik, yönetici elitin doğru sandığı mantık dışı saplantılar doğrultusunda insan üretme çabasına girdi. Bunun zirvesini Nazizm ve Komünizm'de gördük. Bizde ise herkesin bir tarafa çektiği, ne olduğu belli olmayan, Atatürk mezarından kalksa onu bile şaşırtacak *(Kemalist ideoloji?)* uzun yıllar eğitimimize egemen oldu. Köy çocuğunun anlamını öğrenmeden Kur'an ezberi, şehre gelen lumpenin anlamını bilmeden Atatürk vecizesi ezberine dönüştü. Ve düşünemeyen diplomalı cahiller cehennemi olduk.

Amaç Kuzey Kore gibi tek tip, üniform beyinler yetiştirmekti. Anadolu'ya sığınan Osmanlı bakiyesi halkları formatlamak için bir ideoloji gerekli idi. Ancak tadında bırakılamadı, süreç gereksiz yere uzatıldı, yozlaştırıldı, birleştirelim derken ayrıştırıcı noktaya gelindi. Burada ıskalanan nokta, 1930'ların Kuzey Kore gibi kapalı, köylü toplumu için biçilen elbisenin yüzde doksan üç şehirli, dünyaya açık topluma uymayacağının idrak edilememesidir. Özellikle karanlıklar çağı 28 Şubat döneminde ekonomi için insan kaynağı yetiştirme amacı ıskalandı, o mantık ve çağ dışı uygulama nedeniyle Türk sanayisi hala nitelikli teknisyen açığı çekmekte. Açıkça kayde delim, hala ısrarla dayatılan 1940'lar Kemalizm'i, kapalı köylü toplum için biçilmiş bir ideolojidir. XXI. Yüzyılın dünyaya açık burjuvası için mantık dışı, arkaik bir dayatmadır. İddia edildiği gibi Atatürk'le de ilgisi yoktur.

Çağ dışı eğitim sistemimiz ekonomi için insan kaynağı yetiştirmesi gerekirken hala din eğitimine benzer bir yaklaşımla ideolojik iman sahibi nesiller yetiştirme çaba ve iddiasında. Dünyaya açılmış, ihracatı beş yüz milyar dolara koşan ülkenin çağ dışı, dogmatik eğitiminin iflasını ilan eden ise Organize Sanayi Bölgeleri'nin kendi teknik eğitim merkezlerini kurup çağ dışı ideolojik yüklemeyi sırtından defeden, bilimsel yöntemle çırak, kalfa, usta yetiştirme girişimleridir. Ortaokul ve liselerimiz, hatta üniversitelerimiz ise gerçek hayattan kopuk ezberci Kemalist molla (ne demek ise) yetiştirme peşindeler hala. Körfez Ülkeleri'nin modern üniversitelerini görenler, dogmatik, ideolojik, ezberci eğitimimizle onların ne kadar gerisine düştüğümüzü hayretle fark edeceklerdir.

"Hükûmetin en iyi niyetlerle modernleştirdiği altyapıya rağmen" fiilen iflas etmiş, çağ dışı kalmış, millî bilinç vermekte bile topallayan eğitim artık yamalı bohça tarzı tamirlerle düzelmez.

Yükselen Cumhuriyet için eğitim önerilerimi içeren, 11 Ekim 2017 tarihli makalemi buraya alarak kitabın eğitim bölümünü bitirelim:

Eğitimde Devrim: Bildiğini İyi Bilmek[116]

Son günlerde tartıştığımız Temel Eğitimden Ortaöğretime Geçiş Sistemi TEOG, iflas etmiş eğitim stratejimizin sadece küçük bir yansıması. Bulunacak çare eminiz, palyatif bir tedbir olacak. "Hükûmetin en iyi niyetlerle modernleştirdiği altyapıya rağmen" fiilen iflas etmiş, çağ dışı kalmış, "millî" bilinç vermekte bile topallayan eğitim artık yamalı bohça tarzı tamirlerle düzelmez.

Sorunlara kökten, radikal çözümler getirecek holistik, yani bütüncül yaklaşım gerek. Bir devrim gerek. Dünyanın en ukalâ, en iddialı eğitim politikası bizde. Öğrenciye her şeyi öğretiriz diyoruz. Hiçbir şey öğretmeden mezun ediyoruz. Ekonomik Kalkınma ve İşbirliği Teşkilatı (OECD- Organisation for Economic Co-operation and Development) ülkeleri arasında sonuncuyuz. Google çağında genç beyinleri ezber çöplüğü yapıyoruz. Bir hafta sonra unutulacağını bile bile ezberletiyoruz konuları!

Çözüm için konuya önce "eğitim politikası" ile girelim. "Evleviyetle...

Bir burjuva en az beş nesilde yetişir. Cumhuriyet kurulurken yüzde doksan köylü yüzde doksan okuma yazma bilmeyen bir toplum idik. Kısaca babam birinci nesil kentli ise 68 yaşında ben ikinci nesil, çocuğum üçüncü nesil kentli. Yani burjuvalaşma sürecindeyiz, ancak çocuğumun torunu gerçek burjuva olabilecek... Köy kökenlilikten kentsoyluluğa geçiş sürecinde değerler kargaşası, çatışması şiddetli olur, bir hercümerç yaşıyoruz. Değerler oturmadan, bu alanda ulusal birlik sağlanmadan eğitim politikalarında ulusal kon-

116. Aydın Nurhan, **Eğitimde devrim: Bildiğini iyi bilmek,** Star Gazetesi Açık Görüş, 11 Ekim 2017. Hiperlink: https://bit.ly/3JGabap

sensüs sağlamak çok zor.

Bu noktadan hareketle makul olan yaklaşım; müfredat, içerik politikalarını siyasetçilerin ferasetine bırakıp eğitime teknik yaklaşmaktır. Lise İngilizce öğretmenliği yaptım. Mülkiye'de diplomatik İngilizce hocalığı yaptım.

Lise sona gelmiş öğrencilerin hiç İngilizce bilmediklerini hayretle ve esefle müşahede ettim. O halde ilk işimiz: Bir örnekleme olarak İngilizce dersini araştırma konusu yapmak, devletin bu derste lise sona kadar beher öğrenci için ne masraf yaptığını saptamak, sonra da bu mantıksız, amaçsız, akıl dışı harcama konusunda ne yapılması gerektiğini düşünmek olmalı.

Hazmedilmiş bilgi

Konuyu biraz daha açalım. Bizim zamanımızda (60'lı yıllarda) lisede sanırım on yedi konu vardı. Devlet öğrencinin beynine her şeyi sokacağım derken hiçbir şey sokamıyordu. Sınav için **acele ezber**letilen konular birkaç günde unutuluyor, hayatta yararlı, "hazmedilmiş bilgi" olamıyordu. Çözüm ne olabilir? Gençlik yıllarımda okuduklarımdan aklımda kaldığı kadarıyla eski Yunan'da spor vücut disiplini için, müzik ruh disiplini için önemli görülüyordu. Bunlara matematik, Türkçe ve tarih derslerini eklediğimizde iskelet olarak beş ana mecburi ders çıkıyor.

Bu ana, mecburi dersler on iki yıl boyunca her gün, tekrar tekrar okutulacak, öğrenciler "hazmedecek", yüzde yüz öğrenecekler tüm konuları. Yani Türk milleti bildiğini iyi bilen millet olacak. Yaptığı işi mükemmel yapacak. En iyisini yapacak, mükemmeliyetçi disiplin ruhuna sinecek, İsviçreliyi geçecek. Günü kurtaran, baştan savan dalgacı olmayacak.

Ve mutlaka sportmen olacak. Ekran obezleri çağında... Şimdi gelelim diğer akademik konulara. Yani seçmeli derslere... Burada iki tılsımlı kelimemiz var: Heves ve yetenek. Öğrenciler beş mecburi ders dışında heves ve yeteneklerinin olduğu alanlarda kapasiteleri elverdiği sayıda seçmeli ders alacaklar.

Üniversite kapısına geldiklerinde; tembelliğinden veya kapasitesi yetmediği için yalnız beş mecburi ders alanlar ve birçok ilave, seçmeli ders alanlar olacaktır. Bunlar arasında tabiidir ki ek ders alıp başarılı olanlar tercih edilecektir. Sadece o da değil. Mesela tıp okuyacak öğrencinin biyoloji, kimya derslerini alıp başarılı notlar getirmesi tercih sebebi olacaktır, ama sanat dersinde, diyelim marangozluk vb. işlerde eli yatkın olanlar cerrahi alan için öncelik kazanabilecek, el yeteneği olmayan sakar bir öğrencinin ileride cerrah olması engellenebilecektir.

Önerdiğimiz sistemde beş ana ders dışında devlet imkânlarının elverdiği sayıda seçmeli ders konulabilir. Talep var ise çeşitleme elli de olabilir, yüz de olabilir. Yeter ki yoğun talep olsun, devlet de o alanlarda öğretmen yetiştirsin. Bu sistemde üstün zekâlılar veya yetersiz öğrenciler için özel teknikler de etkin şekilde kullanılabilecektir.

Türk halkı eğitimde fedakâr

Kıvançla vurgulayacağımız husus, Türk halkı çocuğunun eğitimi konusunda çok yüksek bilinç sahibi. Onun için büyük fedakârlık yapıyor. Yavrusunun eğitimi için yılda yirmi, hatta otuz bin dolar okul taksiti ödemeye hazır aileler var. Bu talebi karşılayacak elit okullarımız da var. Bu özel okullar mükemmeliyet merkezleri olabilirler. Gel gelelim, müfredat dediğimiz çağdışı pranga bu okulların ayağını bağlıyor. Önerdiğimiz gibi sadece beş ders mecburi olsa, kalan zaman her okulun kendi önceliğine göre mükemmel şekilde değerlendirilebilir. Hem de çocuklar yarış atı yapılmadan, yorulmadan.

Öğretmen kalitesi malum

Şimdi de gelelim bir başka teknik alana... Maalesef öğretmen kalitemiz çok düşük. Çocuk "de/da" anlamında kısa okunan "dahi" kelimesini doğru öğrenip okula gidiyor, öğretmeninden, (hatta hatta profesöründen) "genius" anlamındaki "daaaahi" telaffuzunu duyunca eve gidip annesine hatalı, cahil olduğunu söyleyebiliyor. Ötesi; "de/da", "ki" eklerini ayıramayan, tilki kelimesini til ki diye yazan şaşkınlar ülkesiyiz. Muhatap kelimesini muhattap olarak telaffuz eden lumpenler ülkesiyiz... Tekrar edelim. Bu hataları tahsilsizler değil, üniversite diplomalılar, siyasetçiler, hatta hatta profesörler, meşhur medya mensupları yapıyorlar. Ve cehaletlerinin farkına bile varmadan kendilerini elit sayıyorlar... Böyle eğitim olur mu? Öğretmen kalitesi malum, yerlerde sürünüyor. Bu sorunu teknoloji ile aşabiliriz.

Spor ve matematik en kolay alanlar. Bunlar evrensel konular oldukları için dünyanın en ileri teknikleriyle öğretilebilir. Dünyanın en iyi eğitimcilerine hazırlatılacak dersler odyo-vizüel programlarla verileceğinden artık öğretmen gerekmeyecektir. Öğretmen "instructor" yani anlaşılmayan konuları açıklayan ve çok güzel bir yenilik olarak günün konusunu heyecanlı bir tartışmaya açan "moderatör" olacaktır. Hatırlanırsa öğrenciler şu anda zaten bu alana girmiş durumdalar, internet artık "kolay, basit anlatıcı" hocaların, uzmanların bulunduğu bir forum oldu.

Müzik ağırlıklı olarak Türk müziği olacağından, evrensel metodolojiden kolaycılık yapılamayacak, uzmanlarımızca müzikteki evrensel teknolojinin adaptasyonu ile özel eğitim teknikleri geliştirilmesi gerekecektir. Evrensel öğretim metodolojisinin adaptasyonunda Türkçe ve tarih en zor alanlar olacaktır. Zira en millî alanlardır. Yine de eğitim biliminin evrensel metodolojisi içinde kalınarak teknolojiden etkin şekilde yararlanılacaktır.

Eğitimin amacına gelince...

Bilindiği gibi eğitimin iki klasik amacı vardı. Biri tek tip ulus yaratmak, ikincisi de devlete memur yetiştirmek. "Millî" dediğimiz eğitimin amacı tüm dünyada hala ulusal bilinç kazandırmaktır. Ama memur yetiştirme amacı, yerini kapitalizme yaratıcı beyin yaratmaya bıraktı. Demek ki artık önceliğimiz küresel rekabette geri kalmamak için yaratıcılık olacaktır.

Bir başka faktör: Okuma-yazma artık iletişim ve algılamanın tek yöntemi değil. Okuma bilenlerin kaçı bırakalım kitabı, gazete okuyor acaba? Okulda zaten doğru dürüst bir şey öğrenemeyenlerin hayatta işe yarayan gerçek bilgiyi televizyon ve internetten edindiği bir gerçek. İnsan merak ettiğini kolay öğrenir, zor unutur.

Kendi iradeleriyle televizyon izleyen insanlar "merak" ettiklerini izliyor. Mesela en hayati konu olan sağlık okulda yeterince yok. Ama televizyonların en çok izlenen programlarından. Okuma yakında çağdışı kalacak. Artık ses yazıya, yazı sese dönüşebiliyor, gazete makaleleri internette sesli dinlenebiliyor, hatta bunlar anında yabancı dile de çevrilebiliyor. Kısacası devletlerin okur/yazar oranlarıyla övünme dönemi artık geride kalıyor.

Maddeciliğin hızı

Ve nihayet dinci-laikçi kavgası... Fizik kanununda ip ucundaki şakul bir uçtan öbür uca salınır, yavaş yavaş ortada durulur. İnsanlar ve toplumlar da özellikle büyük geçiş dönemlerinde ekstremlere savrulur, sonra zamanla ortada durulur. Orta Çağ'da eğitim "din/mana" ağırlıklı idi, modernitede din suçlu görüldü, eğitim "madde" ağırlıklı oldu. Günümüzde özellikle dünya malına yeni uyanan ülkelerde maddecilik henüz hızını alamadı, radikalleşerek devam ediyor.

İlkokula başlayan insan yavrusunun fıtratında iki bacak vardır: Bu bacaklardan biri "madde", diğeri "mana"dır. Maddeci ülkelerde ilkokula başlayan öğrencileri ellerinde keserle bekleyen öğretmenler karşılar. Ve hemen çocuğun mana bacağını yontmaya başlarlar. Çocuk ne kadar okursa bu bacak o kadar kısalır. Eğer üniversiteyi bitirirse mana bacağı yok olur, çocuk sadece madde olur, yani tek bacaklı, topal olur, ömür boyu buhranlar içinde kıvranır, yoga salonlarında, psikiyatrist kapılarında, haplarda çare arar.

Ülkemiz de dünya malına yeni uyanan, ona çılgınca saldıran geçiş döneminde insanlarla dolu olduğu için maddeci eğitime çılgınca sarılmış durumda. Bu çılgınlık, bu açlık tatmin edilmeden eğitimde şakulün ortada durulmasını beklemek, madde ile manayı, yani insan fıtratının iki asal niteliğini ahenkli olarak karşılayabilen bir müfredat için ulusal konsensüs beklemek gerçekçi olmaz.

Bunun için başta politik değil, teknik yaklaşım önerdim eğitim sistemimize. Uzmanlarımız siyaseti bıraksınlar, teknik olarak başarabileceğimiz alanlarda arayışlarını sürdürsünler. Daima en iyiyi arasınlar. Unutmayalım, Mozart'ı Mozart yapan dehası değil, "tutkusu" idi. Biz de konumuza tutku ile sarılırsak vatanımıza mutlaka etkin bir hizmette bulunabiliriz. Lise öğretmenliği günlerimde beynime kazınan millî servet israfı ve genç beyin israfı bana bu satırları kaleme aldırdı. Umarım ilgilenenlere bir nebze "düşünce maması" olur.

Enderun/Üniversite

Günümüz Amerikan elit, hükmeden sınıfını yetiştiren okullara Ivy League deniyor. Bu okullardan mezun olanlar, Osmanlı'da reâyâ dediğimiz bilinçsiz kitleler gibi, bilinçsiz, dünyadan habersiz saf kitleleri yönetiyorlar.

Osmanlılar da Selçuklular gibi saray için gerekli bürokratları yetiştirme amacıyla özel bir okul ihtiyacı duymuşlar ve I. Murad, 1363 yılında Enderun'u kurmuştur. Anılan okul İstanbul'un alınmasıyla tam işlevine kavuşmuştur.

Okulun günümüze yansıyan ve hala süregelen eğitim felsefesi, ailesinden alınan çocuğu ailesinin kültür ve yaşam tarzından koparmak, ona yabancılaştırmak idi. Bu eğitimdeki en önemli ögeler müzik ve edebiyat idi.

Şunu unutmayalım. Cumhuriyet mutlak şekilde Osmanlı'nın devamıdır. Devletin temeli olan bürokrasi de Osmanlı bürokrasisinin kesintisiz devamıdır. Eğer gerçek bu ise Cumhuriyet bürokrasisini yetiştirme felsefesi de Osmanlı memur yetiştirme felsefesinin yetiştirme yöntemi olacaktır. Bu amaçla Cumhuriyet her ne kadar modernleşme amacıyla Dârülfünun'u kapattı ise de, Enderun geleneği, yani çocuğu aslına yabancılaştırma felsefesi Cumhuriyet ile devam etti. Ankara ve İstanbul'daki birkaç üniversite devşirme memur yetiştirme ve çocukları aile kültür ve yaşam tarzına yabancılaştırma misyonuna devraldılar.

Devşirme sonunu nasıl 15 Temmuz 2016 tarihine bağlıyor isek, devşirme eğitim felsefesinin sonunu da üniversitelerin Anadolu'ya yayılmasına bağlıyoruz. Yaşlı profesörlerin kalite düşmesi vb. çeşitli bahanelerle taşra üniversitelerine karşı çıkmaları boşuna değildir. Üniversiteyi elit okulda kolayca asimile edebileceğiniz çocuğun ayağına götürdüğünüzde artık o çocukları asimile etme, aslına yabancılaştırma, devşirme şansınız yok olur. Elit okulun handikapı şudur: Bu okullara girmek zordur. Ama sonrası bireysel hırs ve ruhsuzluktur. Taşra okulları ise Anadolu ruhunu devam ettiren okullardır. Bu okullar tutkulu çocuklarıyla, bilinçli ve iddialı hayırsever iş adamlarıyla elit okullarla rekabete girebilecek, aralarından sıyrılacak en başarılıları dünya çapında mükemmeliyet merkezlerine dönüşebileceklerdir.

Hariciye

Osmanlı'nın son kalesi Dışişleri Bakanlığı'dır. Meslekî muhafazakârlığın kalesidir. Devletin sürekliliği için belki böyle olması gerekir. Dışişleri için sorulması gereken soru şu olmalıdır: Hariciye'de devrim mi yapılmalı, yoksa evrimleşmesi zamana mı bırakılmalıdır? Işık hızında yaşadığımız asırda evrim lüksümüz var mı?

Hariciye ruhu nedir?

Dışişleri Bakanlığımız çöküş çağındaki Osmanlı'nın defansif, oyun bozucu müessesesi mi olmalıdır, yoksa yükselme çağındaki Cumhuriyet'in ofansif, oyun kurucu, risk alıcı aktörü mü olmalıdır?

Bir başka soru. Osmanlı'da olduğu gibi devletin çıkarlarını mı temsil etmeli, yoksa halkın çıkarlarının mı temsilcisi olmalıdır?

Ait olduğu toplumun kültürünü ne kadar içselleştirmiştir? Onu tutku ile mi temsil etmeli, yoksa teknik, steril bir yaklaşımla mı temsil etmelidir? Diplomasinin baş öğretilerinden biri duygusallıktan uzak hareket etmektir. Ne kadar duygu, ne kadar teknik?

Dışişleri Bakanlığı Tanzimat'tan günümüze Batıcılığın kalesidir. Genç demokratik Cumhuriyetin kolayca değiştiremeyeceği karakteri vardır. Zaman zaman bazı emekli meslektaşlarımın çıkışlarından görüyoruz; Batılıların bizi hala kolayca parçalayacakları endişesi ile Batı'ya aykırı politikalara kuşkuyla ve ihtiyatla bakarlar. Bu endişe anlayışla karşılanabilir.

Yükselen Anadolu burjuvasının temsilcisi Tayyip Erdoğan dünya kamuoyunun bildiği gibi Osmanlı defansif diplomasisinden silkelenmiş, yükselen Cumhuriyet için ofansif, risk alan bir diplomatik açılım yapmıştır. Bu risk alıcı açılım bazı muhafazakâr emekli büyükelçilerimizin tepkilerinden -*her ne kadar Bakanlık resmî görüşünü bağlamasa da*- anlayabildiğimiz kadarıyla, aceleci ve tehlikeli görülüyor.

Hariciye/siyaset, ofansif/defansif karşıtlık konusunda şüpheyi kuvvetlendiren göstergeler de mevcut. Bir tanesi kariyer dışı Büyükelçi atamalarındaki artış, diğeri de Cumhurbaşkanlığı'nda paralel diplomasi masası oluşumu.

Dışişleri Bakanlığı'nda iki sistemin tartışması yapılmıştır. Biri masa ve uzmanlık sistemi, diğeri ise genel pratisyenlik. Bakanlıkta yürürlükte olan, genel pratisyenlik sistemidir; her alanda yüzeysel bilgi, ama olaylara küresel, holistik bir yaklaşımla bakmak. Çin Seddi'nden Amerikalara yayılan Türklük, İslâm dünyası ve Osmanlı coğrafyası dikkate alındığında Türk diplomatının dünyaya holistik bir yaklaşım ile bakması doğaldır. Bu noktada sual şudur: Tarihin derinliğinden gelen imparatorluk kültürü ile dünyaya holistik yaklaşım doğrudur, ama holistik yaklaşım uzmanlaşmaya mani midir? Uzmanlık ve bütüncüllük birbirinin karşıtı ve engeli midir?

Yıllar önce Dışişleri Bakanlığı Stratejik Araştırma Merkezi'nin (SAM) başında iken Bakanlığa bir orta yol önermiştim. Dışişleri, Genel Kurmay ve İçişlerin'deki rotasyon sistemi nedeniyle kurumsal hafıza oluşamamaktadır. Bugün bir büyükelçinin merkeze gönderdiği hayati bir kripto, değerlendirme, onu okuyan diplomatların başka göreve gitmeleriyle arşive kalkıyor, unutuluyor. Bu handikapı önlemek için SAM'da meslek memuru kadrolu uzmanların sürekli görev yapacakları hücre sistemi önermiştim. Sanırım bu sistem benzeri bir yapılanma Cumhurbaşkanlığı'nda gerçekleştirilmiştir.

Dışişleri Bakanlığımızda masa ve uzmanlık sistemi olmadığı için hayati alanlarda uzmanlarımız hala yoktur. Yunanca, Arapça, Rusça, Farsça, Çince dillerindeki eksikliklerimiz Dışişleri Bakanlığı'nda üniversite ile iş birliği içinde Rus Dışişleri Bakanlığı örneğinde olduğu gibi bir akademik kurum kurulması, akademi camiası ile iş birliği içinde master sistemi kurulması, hatta o kurumda yabancı diplomatların da eğitimi düşünülebilir.

Dışişleri Bakanlığı bugünkü kadro eksikliği ve tarihî yapısı ile Recep Tayyip Erdoğan'ın dış politikasının süratine yetişememe ve onunla senkronize olamama sorunu yaşamaktadır. Geçiş döneminin nasıl aşılacağını zaman gösterecektir.

Tüccar ve Sanayici

Başta anlattığımız gibi taşra eşrafı ve esnafı, önünde rol modeli olacak bir aristokrasi olmadığı için ilk Batılılaşan, modernleşen devşirme bürokratları kendisine örnek aldı. Bu örnek alışında ticari menfaati de vardı. Günümüz Kuzey Kore'sindeki gibi her alanda kadir-i mutlak bürokrasinin zihniyetini ve yaşam tarzını ortak bir değer olarak alması, iki sınıfın iş birliğinde önemli bir ortak payda olacaktı. Nitekim öyle de oldu. Günümüz İstanbul büyük sermayesi ile asker-sivil yüksek bürokrasi ve Atatürk'ün yardımcısına söylediği gibi onların tabii temsilcisi CHP arasındaki organik bağ böyle oluştu. Organik bağın en çarpıcı örneklerini askerî darbelerdeki iş ve zihniyet birliğinde görüyoruz.

Organik bağın dış bağlantılarını da bu kapsamda inceleyebiliriz. Bregenz'de Başkonsolos olduğum günlerde Erciyes Dağı'na teleferik kurulumu amacıyla Avusturya'ya gelen Kayseri Belediye Başkanı Mehmet Özhaseki'yi ağırlamıştım. Sohbetimiz sırasında kendisine, *"köyde palazlanan bakkal kasabaya, orada palazlanan tüccar şehre, şehirde palazlanan işadamı metropole, orada palazlanan iş adamı da yurt dışına açılır. Yurt dışına açılma beş yüz bin Dolardan başlayabilir. Nasıl ki yurt içinde ticarette düzenin ağalarını hesaba katmak zorunda iseniz, yurt dışına açıldığınızda da küresel düzenin ağalarının kurdukları hiyerarşiyi dikkate almak zorundasınız"* demiştim.

Bu anekdotu niçin anlattım. Küresel ticarette çıkarları için küresel karar vericilere uymak zorunda olan büyük sermaye, iç siyasette millî olma vasfından feragat etme zorunda kalır. 28 Şubat ve diğer darbelerde görüldüğü gibi askerleri de yanına alarak millî çıkarlara aykırı dış kaynaklı siyasi oluşumlara yataklık yapabilir.

İşte Tanzimat'tan günümüze oluşan, Anadolu'nun değerlerine yabancı *(bürokrat-kozmopolit sermaye)* devşirmelere karşı Anadolu'dan yükselen yeni sermaye sınıfı dünyaya açılırken Anadolu Türkü'nün çıkarlarına hassas olmalı, onun gücünü, yerine göre güçlü tepkilerini arkasında hissetmelidir. Başta ABD halkı ve tüccarı olmak üzere, Batı dünyası bir kapitalist hiyerarşi, emir komuta zinciri içindedir. Başat soru şudur: Bu emir komuta zincirindeki yerimize razı mıyız? Karşı olursak ödeyeceğimiz bedellere hazır mıyız? Neler yapabiliriz? Küresel karar vericiler arasına girebilir miyiz? Devletimiz küresel ölçekli menfaat kuruluş ve kültlerinin başlarını ele geçirip ülkemizin âli menfaatleri için kullanabilir mi? Bunlar şimdilik hayal gibi görünebilir. Ama irade olunca hiçbir şey imkânsız değildir.

Son bir husus, Osmanlı devşirmeleri, özellikle uleması "İstemezük" ile meşhurdur. İstikrara, durağanlığa zarar vereceği endişesiyle yaratıcılığa, değişime karşıdır. Cumhuriyet devşirmeleri tüm Batıcılık retoriğine rağmen bu hastalığı üzerlerinden atabilmiş değillerdir. İstanbul büyük sermayesi de istemezükçülerle, değişime, yaratıcılığa karşı olan statükocularla geleneksel tarihî ilişkilerinde bir açmaz içine girmiştir. Nasıl çıkabileceğini zaman gösterecektir.

Korporatizm

Korporatizm faşist devletin bir enstrümanıdır. Faşist devlet, kurduğu mesleki örgütler, odalar vasıtasıyla örgüt mensuplarını denetim altında tutar. Korporatist proje ülkemiz açısından son derece ilginç bir inceleme alanıdır. Başta Türkiye Odalar ve Borsalar Birliği TOBB şemsiyesi altındakiler olmak üzere devlet tarafından faşist kontrol amaçlı olarak kurulan mesleki birlikler, kendilerini kuran totaliter devşirme ideoloji yok olmasına rağmen o ideolojiyi sevmiş ve o totaliter dünya görüşüne bağlı olmaya devam etmişlerdir.

Burada ilginç olan, korporatizmde mesleki teşekkülleri devlet kontrol ederken, Türkiye'de o düzeni kuran devşirme sınıf yok olduğu için korporatist teşekküller dünyada eşi bulunmaz bir şekilde devlet ve iktidar karşıtı konuma düşmüşlerdir. Günümüz meslek odalarının bu konum nedeniyle kendilerini kuran CHP yanlısı olmaları doğaldır.

Ve Nihayet Atatürk

Devlet denildiğinde ilk kavram: MEŞRUİYET'tir.

Meşruiyet kaynaklarına baktığımızda; Firavun *"Tanrı benim"* der, meşruiyeti kendinden menkuldür. Eski Türklerde Gök Tengri'den kut almak vardı. Sonra krallar ve sultanlar Tanrı'nın yeryüzündeki temsilcisi olduklarını iddia ettiler. Modern otoriter şefler meşruiyetlerini kendi karizmalarından aldılar.

İnsanoğlunun gelebildiği medeniyet düzeyinde demokratik iktidarlar meşruiyetlerini *"halktan"* almak zorundalar. Totaliter devşirme ise Osmanlı öncülleri gibi halkı hala küçümser, direnir. Gerici, yobaz, cahil olarak nitelediği halktan demokratik onay almaya inanmaz.

Bu tabloda Cumhuriyet'in *(şuuraltında hala Osmanlı'dır)* darbeci, devşirme cuntacıları ne yapmalıydı? Osmanlı **zıllullah fi'l-arz – Tanrı'nın gölgesi** geleneğiyle Atatürk'ü ilahlaştırdılar ve **"Zıllul-Atatürk"** oldular. Padişahın meşruiyetini Tanrı'dan alması gibi, onlar da meşruiyet kaynağı olarak Atatürk'ün adına yaslandılar. Darbeci köy çocuğu generaller henüz demokrasi nedir bilmedikleri için meşruiyetlerini halka değil, Atatürk'e dayandırmaya, bu suretle güya karşıyız dedikleri Osmanlı *"gölge oyununu"* aynen sürdürmeye devam ettiler.

Bakın Psikiyatrist Kaan Arslanoğlu Freud'un totem ve tabu anlatımı tarzında, liderlik konusunda ne diyor:

Lidere tapınma kabile düzeninden kalan bir alışkanlıktır. Lider Tanrı'nın sözcüsü, uygulayıcısıdır, hatta kendisidir. Bütün olumlu özellikler ona aittir, bütün güzellikler ondan gelir. İnsanın lider bulma ve ona tapınma ihtiyacı neredeyse içgüdüseldir. Zekâ ve eğitim düzeyinin artmasıyla oran bir ölçüde düşer ama çoğunluk yine tapınma gereksinimi duyar. Baskıcı sistemlerde liderler daha da sivrilir ve tapınma artar. Durum, otoriteye itaat duygusunun hem sonucu hem nedenidir. İnsanlar bir otorite isterler, sonra onu bulup tapınmaya başlarlar. Lider her yönüyle taklit edilir. Liderin akıl yürütme yöntemi toplumun ya da o grubun akıl yürütme yöntemi olur. Lider liberalse herkes liberalleşir, lider paranoyaksa herkes paranoyaya kapılır. Liderin mimikleri ve jestleri bile taklit edilir, binlerce milyonlarca lider karikatürü doğar. İnsanlar liderle özdeşleşirler, kendilerinde bulunmayan nitelikleri, gücü onda görmekle o güce, niteliğe erişmiş gibi hissederler.[117]

Cuntacının güzel bir tarifi: Onun meşruiyet kaynağı Atatürk'tür. Giyiminde bile Atatürk'e benzemeye çalışır. Atatürk'ü *öcü* olarak kullanır. Halkı onunla korkutur. Günümüzde el kadar ilkokul çocuğu ezkaza Atatürk hakkında yanlış bir söz etse kendisinin, ailesinin, öğretmeninin başına gelmedik kalmaz. Çocuğun tüm hayatı boyunca devam edecek bir travma, dehşet, terör rejimi. Böylesi rejim bizzat Atatürk'ün hayalini kurduğu fikri hür, vicdanı hür, irfanı hür, sağlıklı, cesur ve dürüst nesiller yetiştiremez. Ezber ve korku ile formatlanmış beyinler özgür ve yaratıcı olamaz, kritik felsefe okuyup ufuklarını genişletemezler. Bu nedenle ve maalesef mütefekkirimiz çok azdır.

Atatürk'ü çarpıtmanın daha da derin etkisi, Türk milletini afyonlamakta kullanılmasıdır. Marks *din afyondur* der.

Nietzsche, tanrıların ve tanrılaştırılan atalar kavramının arkasında toplumu canavarlardan, tehlikelerden kurtaran atalarının gücünün zamanla büyütülerek onlara ulûhiyet atfedildiğinden bahseder. Hatta tanrıların kökenlerinin bile toplumu korktuklarından kurtarma kavramına götürür, atalara ve tanrılara toplumun borçlarını asla ödeyemeyecek konumlarını vurgular.

Şuuraltı Osmanlı kafasındaki devşirmeler için de Kemalizm akıl değil, iman konusudur. Spritüel, sorgulanamaz mutlak doğrulardan oluşur. Onun da ötesi. Bazılarına göre Kur'an 1500 yıl önce gelmiş,

---

117. Kaan Arslanoğlu, **Politik Psikiyatri/Yanılmanın Gerçekliği,** İthaki Yayınları, 2005, s. 85

modası geçmiş bir kitap iken, Atatürk'ün sözleri ebediyete kadar geçerli doğrulardır, sorgulanamaz, değiştirilemez. Hatırlayalım; *cuntacıların da güya bin yıl sürecek* doğruları vardı.

Atatürk, olumlu da bakılsa, olumsuz da bakılsa Türkiye gerçeğidir. Ölümünün üzerinden bir asra yakın zaman geçmiş de olsa Türkiye gündemidir. Bu niye böyledir? İşte bu sorunun yanıtı zordur. Türk toplumunun yerine göre fanatik Atatürk sevgisi/nefreti üzerine yapılmış bireysel psikolojik ve sosyopsikolojik, (Freudcu vb.) tarihsel, objektif akademik araştırma yok denecek kadar azdır. Zira Atatürk henüz tarih değil, Türk siyasetinin yaşayan unsurudur.

Atatürk'ün tanrılaştırılması, iman konusu yapılması hakkında henüz steril, bilimsel, antropolojik, tarihî, Freudiyen psikolojik, vb. tekniklerle araştırma yapılmamıştır. Akademisyenlerimiz bu alana girmeye cesaret edemiyorlar henüz. Gerçekte bu korku yersizdir. Zira konu Atatürk değil, onun bir grup insan tarafından niçin, nasıl, hangi amaçlarla iman merkezi yapıldığıdır. Niçin evlerine iş yerlerine bir değil, beş değil, on tane Atatürk resmi koyduklarıdır. Arabalarının tüm camlarına Atatürk imzası koyduklarıdır. Konu Atatürk değil, onun hangi psikolojik ve siyasi ihtiyaçlarla ilahlaştırıldığıdır. Yukarıda söylediğimiz gibi ilk neden, henüz demokrasi nedir bilmeyen köylü cuntacıların meşruiyet kaynağı olarak onu göstermeleridir.

Atatürk'ün inancına gelince; bir insanın sanırım en samimi duyguları anacığının ölümünde görülür. Bu evladın annesinin ölümü üzerine "Cenâb-ı Hak" ibareli yazısındaki şu satırlar samimi görünüyor:

Başyaver Salih Bey (Zübeyde hanımın vefatını) telgrafla bildirmişti.

Derhal cevap verdi:

"Verdiğiniz elim haber beni çok müteessir etti. Merhumenin münasip bir tarzda merasimi tedfiniyesini ifa ettiriniz. Cenâb-ı Hak, Millete hayat ve selamet bahşeylesin." [118]

Atatürk'e aşk/nefret yaklaşımına gelince; Bir dinin, devlet adamınca devlet'in bekası için, araç olarak kullanılması siyaset tekniğidir. Kişi-

---

118. Hasan Rıza Soyak, **Atatürk'den Hatıralar,** Yapı Kredi Yayınları, İstanbul, 2022, Cilt 1, s.6

sel dinî inanç ise iman alanıdır. O bakımdan Atatürk'ün imanı konumuz dışındadır, onu ancak kendisi ve Allah bilebilir. Bize ruhuna Fâtiha okumak düşer.

Şunu idrak edelim. 1940'ların köylü toplumu tarihin derinliklerinde kaldı. XXI. Yüzyıl Türkiye'si yüzde doksan üç oranda şehirlidir. Türkiye'de Atatürk'ün siyasi meşruiyet kaynağı olarak kullanılma süresi doldu. Türkiye'yi yönetecek olanın artık tek şansı var: Meşruiyetin kaynağını halkta ve Anadolu'nun değerlerinde aramak. Siyasi meşruiyeti Atatürk'e dayandırmaya direttikçe, demokrasiye geçemeyeceğiz!

Atatürk'ün halkçı söylemleri

Şimdi de Atatürk'ü doğru anlamak için ondan bazı görüşleri kaydedelim:

"Yüzlerce yıl boyunca Türk İmparatorluğu, Türklerin azınlıkta olduğu karmaşık bir insan yığınıydı. Daha başka sözde azınlıklarımız da vardı ve bunlar, sıkıntılarımızın büyük kısmının kaynağı olmuşlardı; bu azınlıklar ve eski fetih düşüncesi. Türkiye'nin gerilemesinin bir sebebi, bu ziyadesiyle zor hükümdarlık meselesi yüzünden kendisini tüketmiş olmasıydı." **13 Temmuz 1923**

"Bizim neslin gençlik yıllarına Osmanlılık telkin ve etkileri hâkimdi. İmparatorluk halkını meydana getiren Türk'ten başka uluslara; bu arada yanlış bir din anlayışıyla Araplar'a; sarayın, ordu ve devlet ileri gelenleri arasında bulunan ırktaşlarının etkisiyle Arnavutlar'a özel bir değer veriliyor, onlardan söz edilirken 'kavmi necip' deyimiyle sıfatlandırılarak bu duygunun belirtilmesine çalışılıyor, memleketin sahibi ve devletin kurucusu olan Türkler ikinci planda gelen önemsiz halk yığınları sayılıyordu." **1931**

"Osmanlı tarihinde fetihlere, şaşaalı hareketlere tesadüf ediyoruz. Bu, bütün cihanı zapt etmek, cihangir olmak siyasetidir. Fakat bütün bu fetihler ve şaşaalı hareketler, hiçbir vakit devleti vücuda getiren ve bu hareketleri yapan unsura emelinin mevcudiyetini ve menfaatini temin etmiyordu." **22 Ocak 1923**

"Gerçi gayet geniş bir sınıra ve o sınır içinde muazzam bir imparatorluğa sahip bulunuyorduk. Fakat o sonsuz sınır içindeki insan kütleleri hiçbir vakit asli unsurun lehine bir mevcudiyet değillerdi; belki aleyhine. Bu küçük unsur geniş bir sahaya dağılmaya ve hepsinin üzerinde bir baskı gibi bulunmaya, onları ve sınırları muhafazaya mecburdu. Yani bekçilik ediyordu." **22 Ocak 1923**

"Arkadaşlar, bu memleketi ve bu milleti asırlardan beri berbat edenler çoktan ölmüştür. Bütün gençlik buna inanmalıdır. Bizim başlarımız gitmedikçe, bizim kanımız akmadıkça bunlar bir daha dönmeyeceklerdir." **19 Eylül 1924**

"Bu ordu sultanın ordusu idi ve onun iradesini yerine getirir, yalnızca onu tanırdı. Bu ordu günde üç kez, 'Padişahım çok yaşa!' diye bağırmak zorundaydı. Yeni orduyu tamamen yeni prensipler ve temeller üzerine kurduk. Bu ordu, eski ordunun halkın davasına, vatan müdafaasına sadık kalmış kısımlarından ve emekçi köylü kitleleri arasından toplanan kişilerden oluşturulmuştur. Biz bu orduyu kurarken, yalnızca bir tek amaç güttük. Bu da, bu ordunun sultan ordusu değil, halk ordusu olması, ayrı ayrı şahısların değil, bütün halkın menfaatlarını savunmasıdır." **4 Ocak 1922**

Atatürk'ün sultan ve devşirmeye karşı Türk'ten, halktan yana olduğu başka nasıl ifade edilebilir?

Mustafa Kemal Atatürk hakkında ulaştığımız yargı şudur: Bin yıldır âhiret için yaşayan reâyâyı bu dünyaya uyandırıp *"vatandaş"* yapmak istemiştir. Bunu samimi bir imanla istemiştir. Aşırı, şok etkisiyle yapmak istemiştir. O, devrin koşullarında kendince mantıklı olanı bulmuş görünüyor. Ancak ve maalesef ekonomik ve sosyal altyapı olmadığı için taşrayı materyalist yapamamıştır. Onun hayalleri bir asır sonra, yukarıda belirttiğimiz gibi Özal ve Erdoğan'ın sosyoekonomik devrimleri sonucunda hayata geçmiştir.

Gençlere Nasihat

Sevgili gençler,

İstiklâl Marşı'mız *korkma* diye başlar.

Sizin önünüzdeki en büyük canavar:

AFOROZ KORKUSU. Gerici, yobaz, taşralı ithamı karşısındaki kırılganlık ve zayıflığınızdır. Ve size bu ithamı yapanlar taşraya en yakın olanlardır. Gerçek burjuvadan korkmayın. Tarifi üzere burjuva köyle hiç ilgisi kalmamış, artık ona nötr, ve hatta tatlı bir nostalji ile bakan, *"insana saygıyı içselleştirmiş"* İstanbul Beyefendisidir. Ama köyden yeni çıkıp onun değerlerini inkâr etmiş, *"gerici, dinci, yobaz, köylü"* damgası yeme korkusuyla yaşayan, o nedenle aynı yaftaları fanatikçe başkalarına yamamaya çalışan, aforoz edilme korkusuyla ve ona ilaveten tarihî ezilmişlikten kurtulma çabasıyla gösterişi, fetişizmi, modern yaşamın en rezil seviyelerini deneyenlerden olmayın. Kendinize güvenin.

Kişiliğinizi bulma, karakterinizin oluşma döneminde beğenilmek, saygı görmek ve toplum tarafından kabullenilmek istersiniz. Dışlanmaktan, aforoz edilmekten korkarsınız. Psikoloji bölümünde okuduğunuz gibi bunlar insan tabiatının olağan refleksleridir. Kişiliğiniz oturdukça geçecek dönemlerdir ve utanılacak konular değildir.

Sorun bu dönemin ömür boyu sürecek fobiye, hastalığa dönüşmesi. Ülkemizde işte bu yaygın hastalığı görüyoruz. Köylülüğü çoğu kez bilerek, isteyerek terk edip devşirmelere katılma çabasıyla, aforoz edilme korkusuyla lumpen değerlere yapışma dürtüsünü görüyoruz. Bu kitabın derdi de bu korkunun, aşağılık kompleksinin yenilmesi, bu hastalıktan doğan yapay siyasi nefret ortamının son bulmasıdır.

Biz '68 gençliğiyiz. 1968'de Ankara Üniversitesi'nde okurken solcularımızda parka-postal moda idi. Bir de dış cepte aleni, göstermelik *Cumhuriyet gazetesi*. Çok samimiyetle haykırılan, öğünülen değer, *"Ben işçi çocuğuyum!"*, *"Ben kapıcı çocuğuyum!"* söylemi idi. Solcularımız halktan yana olduklarını zannediyorlardı. Ama devşirilmeye geldiklerinin, okuyup halka çoban olmak istediklerinin, halka yabancılaşacaklarının, devşirme öncelleri gibi günü gelince halka tepeden bakacaklarının idrakinde değillerdi. Nitekim bugün o parkalıların bir kısmı köyünü unuttu, ona yabancılaştı, İstanbul sosyetesi oldu. Attilâ İlhan'ın tabiriyle Batı kültürünün ve sermayesinin kompradoru oldu.

Günümüz tatminsiz gençliğinin modası ise *"marka"*dır. Paşazâde geçmiş aramak. Zenginlikle öğünmek. Bizim samimi, sıcacık, inanarak söylediğimiz *"Kapıcı çocuğuyum, İşçi çocuğuyum"* sloganını siz de *"Onların torunuyum"* diye sloganlaştırın. Siz yeni moda yaratın. Batıcılığı sorgulamaktan çekinmeyen, Atatürk'ü baston olarak kullanma ihtiyacı duymayacak güç ve cesareti kendinde bulan, lumpen özenti sosyete tarafından aforoz edilmekten korkmayan bir nesil olun.

Sizde bu medeni cesaret oluştuğunda Anadolu genci demokratik rüştünü ispat etmiş olacaktır.

SONUÇ

Bu kitabın özü; köksüzlükten kaynaklanan aşağılık duygusunun sorgulanmasıdır. Türk'de asalet safsatası yoktur. Ama onun din ve gelenekten bin yılda yoğurulmuş, imbiklenmiş töresi vardır. Köyü terk edip asalet sevdasına, arayışına kapılarak geride bıraktığı tüm değerlerini, töresini reddeden, modern, çağdaş görünme kompleksindeki Türk'ün akıbetini sorgulamaktır.

Kavga yaşam tarzı üzerinden veriliyor. Bu küresel bir tayfun, hercümerç. Değerlerin alt-üst olduğu bir çağdayız. Özgün olmakla kozmopolit olma arasında bocalıyoruz. Yeni nesil toplumsal aidiyet konusunda agnostik, umursamaz. Kimlik krizi bile söz konusu değil onlar için. İçine düştükleri çağın, ortamın vahametinin farkında değiller.

Devşirme devletin sahibiydi. Eğer devlet artık kendisinin değilse batsa da olur. *Edirne Enver'in olacaksa Bulgar'ın olsun* psikolojisinin bir başka nefret ve kıskançlık şekli. Devşirmeden artık vatan bekçiliği beklenmemeli. Devlet artık reâyâ Türkmen'indir. Devrik devşirme, külhanbeyi ağızıyla *ya benimsin ya toprağın* diyor. İyi de. O vatan batarsa sen de batacaksın. Hele seni takip eden özenti lumpenler. Hiç olmazsa onlara acı.

Sürpriz

Ben Devşirmeyim. Dedem polis, babam subay, ben diplomatım. II. Dünya Harbi'ni takip eden Amerikan çağı ile 1950'li yıllarda garnizonlarda Hava Kuvvetleri balolarında ebeveynleri dans ederken onların arasında koşuşturan çocuklardan biriydim. On bir yaşında Amerikan kolejlerine girip sekiz yıl yatılı okuyan, sonra diplomat olup dünyayı dolaşan, beş kıtada görev yapan, ama Anadolu'yu bilmeyen devşirmeyim. Yaşam tarzım devşirmelerin yaşam tarzı. Teşbihte hata olmaz, mazur görülürse sanki masallardaki *kötü kralın iyi kalpli oğlu* gibiyim. Babacığımın *"daima mazlumdan yana ol"* vasiyeti beni Anadolu insanından yana çekti. Onlardan olmasam bile. Onları asırlarca ezen sistemi anlamaya çalıştım. Taşralıyı korumaya çalıştım. Bu kitap da o çabalardan doğdu.

Yine de halktan değilim. Ben Çankırı kökenli bir devşirmeyim. Ve duygusallıktan öte, ideolojik olarak, devlet adamı olarak ben devşirme sisteminden yanayım. Büyük düşünür Nietzsche'nin bile *dünyada en iyilerin egemenliği elinde bulundurmasını, ötekilerinse bunların egemenliği altına girmesini istediğini* [119] unutmayalım.

XXI. Yüzyıl'da Batı refahı çökecek ve bu çağ demokrasilerin yozlaşma, otokrasiye geçme çağı olacak. ABD Kongresi'nin lobicilik sistemi bu yozlaşmanın, çöküşün sinyallerini veriyor. Kurtuluş, Eflatuncu aristokrasi ve Başkanlık Sistemi'ndedir. Tüm kitabımın hülasası, yönetici ile halkın değerleri arasında yırtılma olmasın, uçurum, yabancılaşma, nefret olmasın derdidir.

Sınıfına ihanet eden biri miyim?

Özellikle XVII. Yüzyıldan itibaren taşradaki dedelerime zulmeden, ona tepeden bakan ve bunu Cumhuriyet'te de devam ettiren yoz zalimler ise söz konusu, evet. Onlardan değilim. Ama Cumhuriyetimizin yükselmesine paralel olarak mazlumun yanında durabilen siyasetçi, düşünür ve bürokratlarımız da var. İşte onlarla birlikte halkımıza sıcacık, şefkat ve merhametle yaklaşan bir sistem kurabiliriz. İmkânsız değil. Gerçekte gönlüm, Psikiyatr Erol Göka'nın deyişiyle *"milletin organik aydını"* olmayı isterdi. Bilmem bu mümkün müdür.

Bu kitapta baştan itibaren devşirme karşıtlığını işledim. Devşirmenin halktan kopukluğunu işledim. Halk devrimiyle onun alaşağı edildiğini işledim. Ama... Türk'e uyan sistem yine de devşirme sistemidir. Başkanlık ve devşirmeler istikrar için gereklidir. Bir tek tılsım, modern devşirme halkın değerlerini paylaşacak, içinden çıktığı hal-

---

119. Adler, a.g.e. S. 138

ka yabancılaşmayacak. Halk da onu sürekli kontrol altında tutacak. Üniversitenin taşraya yayılması bu açıdan hayatidir. Fransız ENA[120] gibi elit eğitim, üniversitede millî ve yerli şahsiyet kazanımından sonra gelecektir.

Son olarak, bu kitapta bir anlamda psikolojik harp tekniği gibi insan psikolojisine, özlemlerine, aşağılık komplekslerine dokundum, beğenilme arzularından, aforoz edilme korkusundan, konformizmden bahsettim. Biraz Sokratvari *"iman sarsmaya"* çalıştım. Bunu yıllardır yaptığım için zaten ait olduğum okul ve meslek ortamından aforoz edilmiştim. Sınıfından aforoz edilen yalnız ben değilim. Başta İdris Küçükömer olmak üzere vatanı için samimi düşünce üreten niceleri aforoz edildi bu ülkede. Aforoz edilmenin büyük mükâfatı ise Nietzsche'nin *"Yalnızlığı"*dır. Ve yalnızlığın hediyesi *"Sonsuz Özgürlük"*tür. Şimdi kitabımı okuyanlardan ve onu okumaksızın kulaktan dolma bilgilerle yola çıkanlardan eskisinden çok daha ağır tepkilere hazırım.

Batı dünyasının modern büyük medya kuruluşları, okuyucularının tepkilerini, en nefret doluları dahil olmak üzere öğrenmek için can atıyorlar. Zira okuyucu tepkisi yazarın ufkunu genişleten, ona yepyeni dünyalar açan bir servettir. En kötüleri dahil, tepki yazara kazandırır.

Ancak okuyucu ne kazanır?

Bir fikir kâğıda dökülene kadar yazarına aittir. Kâğıda döküldükten sonra kamu malıdır. Okuyucuya düşen ise yazarla değil, fikirle kavga etmektir. Fikirle kavga için de önce okunan fikri tarafsız gözle, empatiyle, gerçek kastını anlamaya çalışarak okumak, sonra da o fikre taraf veya karşıt olmak gerekir. Bunu becerebilenler de en az yazar kadar kazançlı ve yeni ufuklar kazanarak bitireceklerdir okuma seanslarını. Umalım böyle olmuştur.

---

120. École Nationale d'Administration - Ulusal İdare Okulu

AYDIN NURHAN *Emekli Büyükelçi*

Büyükelçi Aydın Nurhan 1949 yılında Adapazarı'nda doğmuştur.

Talas Amerikan Ortaokulu, Tarsus Amerikan Koleji ve Ankara Üniversitesi Hukuk Fakültesi mezunudur. Aydın Nurhan Dışişleri Bakanlığına girmeden önce Ankara Barosuna kayıtlı olarak Avukatlık yapmıştır.

Büyükelçi Nurhan, Togo ve Benin'e de akredite Akra/Gana Büyükelçisi, Azerbaycan, Avusturya ve Avustralya'da Başkonsolos, İslâm İşbirliği Teşkilatında Bilim ve Teknoloji Genel Müdürü, Dışişleri Bakanlığı Stratejik Araştırmalar Merkezi SAM'da Başkanvekili görevlerinde bulunmuştur. Türk İşbirliği ve Kalkınma Ajansı TİKA'nın kuruluşunda da görev alan Büyükelçi Nurhan, kariyerinin erken yıllarında Suudi Arabistan, Hollanda, Almanya ve Amerika Birleşik Devletleri'nde de görevlerde bulunmuştur.

Dışişleri Bakanlığının aday göstermesi üzerine 2013 yılında emekli olarak İslâm İşbirliği Teşkilatı Afganistan Daimi Temsilciliğine atanmış, 2017 yılına kadar bu görevde kalmıştır.

Diplomatik kariyeri dışında gazete yazarı, radyo program yapımcısı ve spikeri, televizyon dış politika yorumcusu, üniversite öğretim görevlisi ve düşünce kuruluşlarında danışman olarak da faaliyetlerde bulunan Büyükelçi Nurhan'ın konuşma ve yazıları Türk, Gana ve ABD basınında yer almıştır.

Yurt içinde ve yurt dışındaki Türkçe ve İngilizce dillerindeki konuşma ve makaleleri;

"Bir Büyükelçinin Düşünce Dünyası" ve *"Reflections of a Turkish Ambassador"* adlı kitaplarda derlenmiş ve TASAM tarafından yayınlanmıştır.

"Gelişmekte olan Ülkelerde Stratejik Araştırma Kültürü" adlı makalesi *"Türkiye'de Stratejik Düşünce Kültürü ve Stratejik Araştırma Merkezleri: Başlangıcından bugüne Türk Düşünce Kuruluşları"* adlı kitapta yayınlanmıştır.

"Yeni Dünya Düzeni ve Türkiye" başlıklı makalesi de *Mehmet Öğütçü* tarafından yayınlanan *"Yeni Dünyanın Okunması Zor Şifreleri"* kitabında yayınlanmıştır.

Büyükelçi Nurhan; Benin Cumhuriyet Liyakat Madalyası, Nahçıvan Özel Üniversitesi Fahri Doktorası ve TASAM Stratejik Vizyon Ödülü sahibidir.

Aydın Nurhan evli, iki çocukludur.

KAYNAKLAR

Bu kitabıma referans gösterdiğim aşağıdaki eserler, baştan sona okuyup şerh ettiğim ama sonra unuttuğum kitaplarım.

Denilmiştir ki, *okuyucu okuduğu yazarın entelektüel birikiminin mirasçısı olurmuş.*

Acaba diyorum… *Yazdıklarım da okuduğum yazarların şuuraltımdan fışkıran ilhamı olmasın?*

A.C.S. Peacock
 Büyük Selçuklu İmparatorluğu
A. Afetinan
 M. Kemal Atatürk'den Yazdıklarım
Abraham H. Maslow
 A Theory of Human Motivation
Ahmet Arslan
 Felsefeye Giriş
Ahmet Cihan
 Osmanlı Toplum Yapısı ve Sivil Toplum
Ahmet Davutoğlu
 Stratejik Derinlik
Ahmet Önal, Erhan Afyoncu
 Osmanlı İmparatorluğunda Askerî Darbeler ve İsyanlar
Ahmet Taşağıl
 Türklerin Serüveni, Kök Tengrinin Çocukları
Ahmed Rashid
 The Resurgence of Central Asia, Islam or Nationalism
Alain de Botton
 Statü endişesi

Albert Hourani
        A History of the Arab Peoples
Aldous Huxley
        Brave New World
Ali Akar
        Türk Dili Tarihi
Ali Arslan
        The Turkish Power Elite
Ali Tayyar Önder
        Türkiye'nin Etnik Yapısı
Alev Alatlı
        Şimdi Değilse Ne Zaman?
Andrew Mango
        Atatürk
Andrew Wheatcroft
        The Ottomans
Aristoteles
        Politika
Arnold Toynbee
        A Study of History
Attilâ İlhan
        Ulusal Kültür Savaşı
Auguste Bailly
        Bizans İmparatorluğu Tarihi
Aziz Nesin
        Ah Biz Ödlek Aydınlar
Bernard Lewis
        What Went Wrong
        The Middle East
Bozkurt Güvenç
        Türk Kimliği
Bozkurt Güvenç, Gencay Şaylan, İlhan Tekeli, Şerafettin Turan
        Türk İslâm Sentezi

Carl Gustav JUNG
        Psikoloji ve Din
        Dört Arketip
Celal Yeşilçayır
        Thomas Hobbes'un Geleneksel Siyaset Felsefesine Karşı Çıkışı
Cemal Kafadar
        Between Two Worlds
Cemil Meriç
        Bu Ülke
Cengiz Aytmatov
        Gün Olur Asra Bedel
        Cengiz Han'a Küsen Bulut
Çağlar Solak
        Sosyal Dışlanma Olgusunun Koalisyonel Psikoloji Bağlamında
        İncelenmesi
Çağlar Solak, Mert Teközel
        Sosyal Dışlanma Olgusu Üzerine Genel Bir İnceleme
Çetin Yetkin
        Karşı Devrim 1945 – 1950
David Mc Dowall
        A Modern History of the Kurds
Dilek Takımcı İmançer
        Sosyal Psikolojik Açıdan Stereotip Kavramının Dil ve Metin
        Analizinde Kullanımı
Dimitri Kitsikis
        Türk Yunan İmparatorluğu
Edhem Eldem
        Osmanlı Kenti Halep İzmir İstanbul
Erhan Afyoncu, Ahmet Önal, Uğur Demir
        Askerî İsyanlar ve Darbeler
Edward Gibbon
        The Decline and Fall of the Roman Empire
Edward Said
        Orientalism

Eflatun
	Devlet
Erik Zürcher
	Orta Asya ve İslâm Dünyasında Kimlik Politikaları- Bir
	Ulusun İnşası, Jön Türk Mirası
Erol Göka
	Türk Grup Davranışı
	Cumhuriyet Kimliğinin Sosyopsikolojisi
	Türklerin Psikolojisi
	Türk'ün Göçebe Ruhu
	Yedi Düvele Karşı Türklerde Liderlik ve Fanatizm
Erol Güngör
	Ahlâk Psikolojisi ve Sosyal Ahlâk,
	Kültür Değişmesi ve Milliyetçilik
Felipe Fernandez Armesto
	Millenium
	A History of the Last Thousand Years
	Civilisations
	Culture, Ambition, and the Transformation of Nature
Fernand Braudel
	A History of Civilisations
François Georgeon, Paul Dumont
	Osmanlı İmparatorluğu'nda Yaşamak
Fuad Köprülü
	Türk Edebiyatı Tarihi
	Origins of the Ottoman Empire
Fulya Ereker
	Dış Politika ve Kimlik:İnşacı Perspektiften Türk Dış
	Politikasının Analizi
Francis Fukuyama
	The End of History and the Last Man
Friedrich Nietzsche
	On the Genealogy of Morality, Ahlâkın Soykütüğü

George Orwell
        "1984"
Giles Milton
        Paradise Lost
Gisela Eife
        The Development of Alfred Adler's Individual Psychology,
        Theory of Personality
        Psychopathology
        Psychotherapy (1912–1937)
Gül Akyılmaz
        Osmanlı Devletinde Yönetici Sınıf Reâyâ Ayrımı
Gustave Le Bon
        The Crowd: A Study of the Popular Mind
Haldun Gülalp
        Laiklik, Vatandaşlık, Demokrasi
Halil İnalcık
        Köy, Köylü ve İmparatorluk
        Turkey and Europe in History
        Economic and Social History of the Ottoman Empire 1300 1914
        Şair ve Patron
        Osmanlılar, Fütuhat, İmparatorluk, Avrupa ile İlişkiler
        Atatürk ve Demokratik Türkiye, Osmanlılar
Halil İnalcık ve Mehmet Seyitdanlıoğlu
        Tanzimat
Hasan Basri Karadeniz
        Osmanlılar ile Anadolu Beylikleri Arasında Psikolojik Mücadele
Hasan Cemal
        Kürtler
Hilmi Yavuz
        Alafrangalığın Tarihi
Hüseyin Rahmi Gürpınar
        Şıpsevdi
Ian Morris
        Why the West Rules-For Now

Ibn Khaldun
The Muqaddimah An Introduction to History
Edited and abridged by N.J.Dawood)

İbrahim Kalın
Ben, Öteki ve Ötesi
İdris Küçükömer
Düzenin Yabancılaşması, Batılılaşma
Cuntacılıktan Sivil Topluma
İlber Ortaylı
Türkiye Teşkilat ve İdare Tarihi
İmparatorluğun En Uzun Yılı
Türklerin Tarihi, 1923-2023
Cumhuriyetin İlk Yüzyılı (İsmail Küçükkaya ile birlikte)
Osmanlıyı Yeniden Keşfetmek
İsmail Cem
Türkiye'de Geri Kalmışlığın Tarihi
İsmet Özel
Üç Mesele-Teknik, Medeniyet, Yabancılaşma
Jared Diamond
Guns, Germs and Steel
The Fates of Human Societies
Kadir Canatan
Şerif Mardin Eleştirisi
Kemal Karpat
Osmanlı'dan Günümüze Asker ve Siyaset
The Ottoman State and its Place in World History
Levent Köker
Modernleşme, Kemalizm ve Demokrasi
Lord Kinross
The Ottoman Centuries
Atatürk
Martha Cottam, Elena Mastors, Thomas Preston, Beth Dietz
Introduction to Political Psychology

Max Weber
	The Protestant Ethic and the Spirit of Capitalism
Metin And
	Dionisos ve Anadolu Köylüsü
Metin Aydoğan
	Yönetim Gelenekleri ve Türkler
Miles Hewstone, Mark Rubin, HazelWillis
	Intergroup Bias
Muammer Yılmaz
	Osmanlı'da Darbeler ve İsyanlar
Mustafa Armağan
	İlber Ortaylı İle Tarihin Derinlerine Yolculuk
Mustafa İnal
	Askerî İsyanlar, Darbeler ve Ara Dönemlerin Perde Arkası
Mümtaz Turhan
	Kültür Değişmeleri, Garblılaşmanın Neresindeyiz?
	Atatürk İlkeleri ve Kalkınma Sosyal Psikoloji Bakımından bir Tetkik
Nevzat Tarhan
	Toplum Psikolojisi
Niall Ferguson
	The West and the Rest
Niccolo Macchiavelli
	Hükümdar
Nihal Atsız
	Türk Edebiyatı Tarihi
Nilüfer Göle
	Modern Mahrem
	Toplumun Merkezine Yolculuk
Niyazi Berkes
	Türkiye'de Çağdaşlaşma
Nur Vergin
	Din, Toplum Ve Siyasal Sistem
Oktay Sinanoğlu
	Bye Bye Türkçe

Olivier Roy
        Siyasal İslam'ın İflası
Orhan Pamuk
        Cevdet Bey ve Oğulları
Orhan Türkdoğan
        Türk Toplum Sistemi ve Yapısal Sorunları
Özcan Köknel
        İnsanı Anlamak-Kaygıdan Mutluluğa
        Kişilik- Peyami Safa ve Falih Rıfkı Atay'da Halkın İnşası
Rene Grousset
        The Empire of the Steppes of Central Asia
Reşad Ekrem Koçu
        Yeniçeriler
Rıza Zelyut
        Yabancı Kaynaklara Göre Türk Kimliği
Robin Lane Fox
        Alexander the Great
Robert Kaplan
        The Ends of the Earth- From Togo to Turkmenistan
        From Iran to Cambodia
        A Journey to the Frontiers of Anarchy
Sabri Ülgener
        Zihniyet ve Din
Sabahattin Şen
        Türk Aydını ve Kimlik Sorunu
Samuel P. Huntington
        Clash of Civilizations
Sencer Divitçioğlu
        Asya Üretim Tarzı ve Osmanlı Toplumu
        Orta Asya Türk Tarihi Üzerine Altı Çalışma
Selim Hilmi Özkan
        Osmanlı Tarihi I (1299-1774) Siyasi Tarih
        Kültür ve Medeniyet, (Editör)
        Osmanlı Toplum Yapısı

Sezai Karakoç
            Diriliş Neslinin Âmentüsü
Sigmund Freud
            Totem and Taboo
            Uygarlığın Huzursuzluğu
            Kitle Psikolojisi
            Psikanaliz Üzerine
Stanford Shaw, Ezel Kural Shaw
            Osmanlı İmparatorluğu ve Modern Türkiye
Stefanos Yerasimos
            Az Gelişmişlik Sürecinde Türkiye
Steven L. Blader and Siyu Yu
            Are Status and Respect Different or Two Sides of the Same Coin?
Suraiya Faroqhi
            Osmanlı Kültürü ve Gündelik Yaşam, Ortaçağdan Yirminci Yüzyıla
Şerif Mardin
            Türk Modernleşmesi Makaleler IV
            Din ve İdeoloji
            Türkiye, İslâm ve Sekülarizm
            Cuntacılıktan Sivil Topluma
            Religion And Social Change In Modern Turkey
Şevket Pamuk
            Türkiye'nin 200 Yıllık İktisadi Tarihi
Şeyda Büyükcan Sayılır
            Türklerde Evren/Kâinat Anlayışı
Şevket Süreyya Aydemir
            Tek Adam (Mustafa Kemal'in Hayatı) Üç cilt (biyografi)
            İkinci Adam (İsmet İnönü) Üç cilt (biyografi)
            Makedonya'dan Ortaasya'ya Enver Paşa Üç cilt (biyografi)
            Suyu Arayan Adam (otobiyografi)
            Menderes'in Dramı (biyografi)
            İhtilalin Mantığı ve 27 Mayıs İhtilali (inceleme)
Şükrü Hanioğlu
            Atatürk An Intellectual Biography

Taha Akyol

> Ama Hangi Atatürk

Taner Timur

> Osmanlı Kimliği, AKP'nin önlenebilir Karşı Devrimi

Tezcan Durna

> Kemalist Modernleşme ve Seçkincilik

Talat Tekin

> Türk Dilleri Ailesi

Tuncay Önder

> Türkiye'de Bürokrasi-Demokrasi İlişkisi Üzerine

Tuncer Baykara

> Türk, Türklük ve Türkler

Umay Türkeş Günay

> Türklerin Tarihi – Geçmişten Geleceğe

Vamık Volkan

> Atatürk'ün Psikanalitik Biyografisi

V.V. Barthold

> Orta Asya Türk Tarihi

Vedat Koçal

> Çevre'den 'Merkez'e Yönelim Bağlamında Türkiye'de
> Muhafazakârlığın, Dönüşümü:Siyasal İslâmcılıktan Muhafazakâr,
> Demokratlığa AK Parti Örneği

Yusuf Halaçoğlu

> XIV-XVII. Yüzyıllarda Osmanlılarda Devlet Teşkilatı ve Sosyal Yapı

Yakup Kadri Karaosmanoğlu

> Yaban

Zafer Toprak

> Türkiye'de yeni Hayat

Zülfü Livaneli

> Serenad
> Kaplanın Sırtında

Ziya Gökalp

> Türkçülüğün Esasları